Emil Otto

Key to Dr. Emil Otto's Materials for translating English into German

Emil Otto

Key to Dr. Emil Otto's Materials for translating English into German

ISBN/EAN: 9783744624091

Printed in Europe, USA, Canada, Australia, Japan

Cover: Foto ©Paul-Georg Meister /pixelio.de

More available books at **www.hansebooks.com**

A List of Books

for the

Study of Foreign Languages

published by

Julius Groos.

Heidelberg.

Most of the books contained in the following list have been composed after Dr. E. OTTO'S "CONVERSATIONAL METHOD OF TEACHING LANGUAGES", either by himself, or by other eminent professors. This method combines the grammatical and logical exposition of the rules with their constant application to SPEAKING and WRITING. The LARGER GRAMMARS are divided into two PARTS, the FIRST of which contains the complete ETYMOLOGY, viz. the exposition of the TEN PARTS OF SPEECH, considered in their nature and inflections, including THE IRREGULAR VERBS. The SECOND comprises the SYNTAX, systematically explained in clear and accurate rules illustrated by examples and followed by appropriate EXERCISES and READING-LESSONS. FREE EXERCISES and MATERIALS FOR CONVERSATION form the conclusion. As to the arrangement of the contents, the book is divided into LESSONS, each complete in itself, and containing in systematic order a portion of the grammar, followed by a READING EXERCISE, in which the preceding rules are applied to numerous sentences. An EXERCISE FOR TRANSLATION into the foreign language comes next: the lesson being concluded by an easy and familiar CONVERSATION re-embodying the matter introduced in the previous exercises.

It is impossible to conceive a more practical method of acquiring the art of SPEAKING a modern language, than that adopted in these books: the teacher questioning the pupil on subjects already familiar to him by translation, and the pupil endeavouring to give a fitting reply. In a short time the EAR becomes so familiar with the strange sounds, that the teacher is understood, and meanwhile the TONGUE acquires a fluency which can hardly be attained by any other method.

The advantage of such CONVERSATIONAL practice is evident. Every student of modern languages is well aware that by far the most difficult thing is, to understand the foreign idiom. Accustomed from the very beginning to comprehend the easy questions the teacher addresses to him in the foreign language, on subjects already known to him from the preceding translations, and to answer in the same idiom, the learner exercises equally his EAR and his TONGUE, and in a short time will be enabled to express his thoughts correctly and with ease and fluency.

The SMALLER ELEMENTARY GRAMMARS are based on the same system, but contain only the Etymology simplified for younger pupils and beginners.

The same CONVERSATIONAL principle is applied to the READERS, passing on from the easiest to more difficult Readings, with 'QUESTIONS' subjoined to the same.

Moreover, there are MATERIALS for translating English into some foreign language, MANUALS FOR CONVERSATION, and other books, all having for their object the theoretical and practical knowledge of foreign languages.

The following books have been very favourably reviewed in the leading critical papers. But the most striking proof of their usefulness may be found in the number of editions through which they have passed, and the fact that they are extensively used throughout Europe and America.

Every new edition being most carefully revised, the publisher is constantly and successfully aiming at raising these writings to the rank of STANDARD BOOKS, combining the results of scientific investigation with a sound practical tendency.

Those pupils who study foreign languages without the aid of a master, are greatly assisted by the various "Keys" containing a correct translation of all the Exercises.

It may be allowed to allege the following critiques in full:

"The grammars, edited by Dr. E. Otto, met with so great a success and with so much favour in nearly all countries, that no better proof of the usefulness of their method and of the clearness and accuracy of its realization can be adduced, than the just mentioned circumstance. Whilst in other books the modern languages are treated with the same pedantry, that often disgusts pupils with the study of the ancient languages, it has been one of the principal aims of the author, to bring spirit and life into his grammars. The assembly of German philologers (at Karlsruhe in 1882) owned, that practical exercises of speaking and writing, according to the exigencies of life, were absolutely necessary in learning modern languages. — The method, observed in Gaspey's CONVERSATION GRAMMAR (19th edition), and in Otto's FRENCH GRAMMAR (22nd edition), is also adopted in the Dutch, Italian, Spanish, Portuguese and Russian grammars, the great importance of which is sufficiently proved also by their large circulation."   *Köln. Zeitung.*

„*The great international intercourse that is so characteristical for our times, and the necessity of becoming acquainted with the literature of foreign countries, has caused a great change in scientific treatment of languages: systems were contrived, that might facilitate the learning and understanding of foreign idioms. Among all the different methods brought up in last times, there is scarcely any one that may be more appropriate to promote the above mentioned purpose, than that which has been adopted in a series of books, published by Jul. Groos in Heidelberg. All these books are arranged in the same way, observing, at it is called GASPEY-OTTO-SAUER'S method. As they have proved being of great success, they spread in a short time in a great many countries. Indeed they are, what they pretend to be: very CONVERSATION-GRAMMARS; the practical use they aim at, constitutes their peculiarity. — After some previous exercises relating to the fundamental rules of grammar, the principal scope they tend to, is to enable the pupil to make the foreign idiom his own. By the clear treatment of the contents, these books are also especially qualified for self-study. No wonder therefore, that this collection rapidly got a large circulation: there are not only numerous editions of these books, but the necessity of writing new grammars established on the same method for other languages, increases from day to day. For Germans alone the following grammars exist, viz.: eight for French, six for English, five for Italian, two for Spanish and two for Russian, one for Dutch and one for Portuguese; seventeen volumes are destined for Frenchmen, seven of which treat of German, four of English, two respectively of Italian, Spanish and Russian; the English section comprises nineteen volumes, the Italian four and the Spanish three. Everyman who has learned one language after this system, to the author of which, Mr. Otto, we pay our full acknowledgments, will certainly wish to study the others in the same way: this is the secret of the large circulation of these grammars. In our opinion this establishment is quite isolated in the whole literature."*   Ueber Land u. Meer.

"For instruction in modern languages, the publishing house of Jul. Groos in Heidelberg has issued again a series of schoolbooks which, composed after a singular principle, called GASPEY-OTTO-SAUER'S method, will find a large circulation, like the other works of the same authors. A short, clear, merely theoretical introduction, followed by a great number of carefully selected exercises of conversation, tending to an ability and readiness in the use of foreign languages, constitutes the superiority of these small Conversation Grammars. The following volumes, suitable for children as well as for adults, have appeared in print till now: "English Conversation" for Germans; "German Conversation" for Englishmen; "Conversations Françaises" for Germans, and "Conversations Allemandes" for Frenchmen. These books have been composed by Dr. E. Otto in cooperation with Professor Mauron and others; the series contains also Portuguese (Kordgien), Italian and Spanish, elaborated by Sauer. Being elegantly bound and nicely printed, these grammars will satisfy the public in every respect."   Ueber Land u. Meer.

"Some time ago, we referred to the importance of the grammars by Otto, composed after his own method and published

by *Julius Groos* in *Heidelberg*. Now the series mounts to sixty-eight volumes about. The increasing popularity of the books is evident by the great number of reimpressions which have been issued in a very short time. So, for instance, the "French Conversation-Grammar" has appeared in 22nd edition. Lately two new works have come out: the "Gramática sucinta de la lengua francesa" and the "Gramática sucinta de la lengua inglesa", that is: French and English grammars for the use of Spaniards. That grammars, in which Otto's method is maintained, are in great favour also with foreign nations, this is fact proved by success. So we have in hand the 2nd edition of the "German Grammar" destined for Italians, and the 5th of "The German Reader" destined for Englishmen. The "Materials for translating English into German", a separate Key of which has been edited for the use of teachers, may be employed with great utility by Englishmen as well as by Germans."

Ueber Land u. Meer; vol. 55 Nro. 17.

"The publishing firm of *Jul. Groos* in *Heidelberg* has devoted its particular attention to the grammars of modern languages since more than thirty years. Sixty-eight volumes have been published untill now, all established on the approved method of *GARPEY-OTTO-SAUER*, which is unprecedented in its kind. In all the different Conversation-Grammars of *English, French, Italian, Spanish, German* etc. etc., one principle is firmly maintained and carried through the whole collection. Etymology and syntax are, from good reason, not strictly separated, as it is the case in merely systematical grammars. The Reading Books are enlarged by "Questionnaires" in order to learn to conceive in the foreign idiom. In the last edition of the "*English Conversation-Grammar*" the most renowned Orthoepists have been consulted; in difficult cases notes for pronouncing have been added, which can easily be understood; moreover the exercises are greatly enlarged. All these circumstances may show, that the Publishers make all efforts possible, to complete the works with every new edition."

Pforzheimer Beobachter.

"The Conversation-Grammars and Classbooks, published by *Jul. Groos* and established on the approved method of *GASPEY-OTTO-SAUER*, are arranged almost in the same manner. They are divided into two parts, the first of which makes the pupil acquainted, in a clear and accurate way, with the elementary notions of language, omitting all non-essential parts. The learning by heart is considerably facilitated by numerous notes joined to every lesson. The second part is the repetition and enlargement of the former, explaining at the same time, the peculiarities of language by means of excellent exercises taken from the most eminent authors. The Conversation Method, carried through all these books, not only makes the pupil overwhelm with easy many difficulties, but it excites also his continual interest, because, in the following dialogues, he will soon feel able to dispose of what he has learned. There is no doubt, that also the newest editions of these excellent school-books will be equally successful, as the former. — As for the printing and paper, the publishing firm has taken great care to supply the books with the outmost elegancy." *Wiener Presse.*

Sauer, C. M., Spanish Conversation-Grammar. 4th edit. Heidelberg. Published by Julius Groos.

"Whilst some years ago, the knowledge of the fine Castilian idiom was still considered a great rarity, it becomes now more and more familiar and begins to be regarded as a necessary complement of thorough education. We must therefore sincerely welcome all works adapted for the improvement of this knowledge. The Spanish Conversation-Grammar, composed by Mr. Charles Marquard Sauer, Director of the Commercial Academy, Rivoltella College, in Triest, who was formerly a professor of modern languages in the commercial-school in Prague, is arranged according to GASPEY-OTTO-SAUER'S method. Having been lately revised by Mr. William Ad. Röhrich, a professor of Spanish language in the commercial school at Stuttgart, and being now on hand in 4th edition, it deserves full acknowledgment and commendation." *Wiener Allgemeine Zeitung.*

Sauer, C. M., Italian School- and Conversation-Grammar. Thoroughly reviewed by Professor *Cattaneo*. 8th corrected edition. Heidelberg. Published by Julius Groos.

"The superiority of the book consists in a happy combination of theory and praxis. Grammatical rules are not accumulated into one lesson, but by degrees theoretical explanations are connected with practical exercises. With ease the pupil becomes acquainted with the contents of the grammar, and by means of dialogues and oral exercises he is enabled to make the foreign idiom his own. The book is most useful for commercial schools and young merchants." *Wiener Allgemeine Zeitung.*

"The school-books, destined for instruction and study of modern languages, published by Jul. Groos in Heidelberg, have met unanimous acknowledgment. Great interest and attention was paid to these books, the principal aim of which is: to promote the study of foreign languages. This common interest was not produced by the large number of different volumes (sixty-eight have been edited untill now), but by the singular method carried through them all, called GASPEY-OTTO-SAUER'S Method. The large circulation of the books has been caused only by this system. When *Otto's* grammar first appeared, it was praised very much, only for being a Conversation-Grammar. According to the opinion of many competent authorities, practical exercises are absolutely necessary in studying modern languages: the same maxim was repeated by the assembly of German philologers in Karlsruhe in 1882. Different newspapers too, treating of instruction and study of modern languages, declared that the right proceeding had been adopted in these books, which differ very much from grammars of the ancient languages, where grammatical rules are explained with hard pedantry. Many editors have followed the same system in their books with skillfulness and success, but the grammars, edited by Jul. Groos, are unrivaled in our opinion. The large series of volumes (GASPEY'S ENGLISH CONVFRS.-GBAMMAR has been published in the 19th, and OTTO'S FRENCH GRAMMAR in the 22nd edition), issued in a very short time, prove the superiority of these schoolbooks. — This moment another series of books is in hand, joining the former, as they contain exercises for Modern Conversation Language. The reprints of them all are greatly augmented and show a pleasant, comfortable exterior.

[They are GASPEY, *English Conversation* (for Germans), 4th edition; OTTO, *German English Conversations* (for Englishmen), 2nd edition; OTTO, *Conversations allemandes* (for Frenchmen), 2nd edition; OTTO, *Conversations françaises* (for Germans), 5th edition; SAUER, *Dialoghi Italiani* (for Germans), 2nd edition; SAUER, *Diálogos castellanos* (for Germans), 2nd edition, which can all be highly recommended.]" *Strassburger Post.*

"All the approved Conversation-Grammars we have mentioned, published by the renowned firm of Julius Groos in Heidelberg, have appeared in reprints, some of them in 4th or 5th edition. They are composed after GASPEY-OTTO-SAUER'S method, which in the first place tends to conversation, being indeed impossible to get the ability of speaking a foreign language fluently without regular and continual oral exercises.

As for the second edition of "English Conversations", this book, composed by an Englishman, got in its later editions some alteration for practical purpose. This improvement is the work of Dr. Emil Otto, a renowned professor of modern languages in Heidelberg University. The extracts from English classics are reduced and removed to the end of the book. These dramatical fragments are especially adapted for reading, for learning by hart and recitation. The second book, entitled "German-English Conversations", is destined for Englishmen and Americans, who wish to learn German; it is no doubt most suitable for this purpose. The first part contains easy conversations, the English text being by the side of the German. The second part is composed of conversations, which are subdivided into two smaller parts, the first of which consists of English questions with answers in German; in the second we find the questions in German and the answers in English. The third part comprises a clearly arranged German-English vocabulary; every part is followed by questions for exercise. The fourth part includes German Conversations by the side of the English text; the fifth also contains German Conversations, but without the English text. The pupils are sure to obtain their scope in this way.

There is another book, entitled: "Conversations allemandes" by Otto, which tends to the same scope as the preceding, viz. to facilitate the acquiring of German language, but it is destined for French only, not for Englishmen. The arrangement of the different parts is quite the same as in the former. The book has been reviewed and corrected by Professor Mauron; moreover the new German orthography is observed in it.

The "Conversations françaises" by Otto have already appeared in 5th edition; this only fact proves, that the book in question is well adapted for the exigencies of German schools. This new edition has undergone a thorough revise and is carefully corrected, different roughnesses, which still occurred in former editions, having been removed. The exterior arrangement does not differ from that of the former edition.

The "Dialoghi Italiani" by Sauer are as praiseworthy as anyone of the mentioned books. The first part: "Easy Conversations" in German with the Italian text close by it, is joined by a second part containing: "Italian Dialoghetti" and "Dialoghi continuati" only in Italian. Some scenes of "La famiglia del Antiquario" by Goldoni form the conclusion. Now-a-days, when the number of visitors of "Fine Italy" is on the increase, this little book may be welcome as a preparer and a companion. This new edition has thoroughly been revised by Professor Caprara in Bozen.

The "Dialogos castellanos" by Sauer have already been valued in this paper, when they first appeared. Evidently the author is well versed in the language and the manners of the country. He took pains to employ the most frequent expressions and terms; in the conversations a successive progression from easy sentences to more difficult ones is prudently observed. The fifth part, containing "A journey throughout Spain," is of great interest. The conversations taken from commonplace life in Madrid, give many a useful glimpse into Spanish peculiarity. This second edition has been elaborated by W. A. Röhrich.

In short, all publications, issued by Jul. Groos, are worthy of notice on account of their great practical importance; therefore they deserve general attention, where it should not yet be the case."

Zeitung für das höhere Unterrichtswesen Deutschlands 1885.

"The following list contains a series of Conversation-Books, which have been published by Julius Groos in Heidelberg. The great number of reprints proves, that they met with great *favour in the public. Indeed, there is no doubt, that the authors knew how to impart the most common manner of expression. Beginning with short, clear and simple sentences, and proceeding to more difficult periods, these books have proved being very suitable to self-study as well as to the use in schools. The contents of them all are nearly the same, only the arrangement of the argument differs in some points. No particular scientific knowledge is requested for understanding and studying these books: elementary knowledge of any grammar and the first rules of pronunciation are quite sufficient for this purpose; all the rest can be learnt with ease. Everyone, seriously working these little books, will be sure to get a great plenty of words and expressions."*

"Gaspey, Dr. Th., **English Conversations.** A compendium for exercise of English Conversation Language. 4. Edit.

Otto, Dr. E., **German-English Conversations.** (German Conversation-School.) 2. Edit.

Otto, Dr. E., **Conversations Allemandes.** Nouveau guide méthodique pour apprendre à parler allemand. 2. Edit.

Otto, Dr. E., **Conversations Françaises.** A methodical instruction to speak French. 5. Edit.

Sauer, C. M., **Dialoghi Italiani.** A methodical instruction to speak Italian. 2. Edit.

Sauer, C. M., **Diálogos castellanos.** Spanish dialogues. A compendium for exercise of Spanish Conversation Language. 2. Edit."

Franco-Gallia 1885, number the 11^{the} (November).

"In our time a great progress of intercourse took place with all cultivated nations, and it seems that, in consequence of the rapidly developped means of communication, the commerce will soon be extended over the whole earth. This progress is especially perceptible in Germany; in spite of all obstacles, our commerce enters into new relations and has a good market not only in the neighbouring countries, but also in all parts of the earth. With the progress of commerce, the necessity of thorough knowledge of languages is likewise increasing for all men of business. In our country everyman knows that, and the foreigners know too, that we attach a great importance to knowledge, and that a great deal of the success, which German merchants have obtained abroad, is to be imputed to this circumstance. But there is also scarcely any other country, where so great a support is found for the study of foreign languages as in Germany. The most important publishing firm, by which grammars of modern languages are issued, is that of Julius Groos in Heidelberg; the series of books edited by this firm comprehends sixty-eight volumes of different size. All these books are composed after the same principle, which has proved being very successful. This principle, called "GASPEY-OTTO-

SAUER'S Method", consists in combining grammatical rules with constant application to speaking and writing; in the specimens before us, this combination has been realized in a clear way, easy to be comprehended and suitable for the just mentioned purpose. Printing and paper are nice and yet the price is very low. Therefore these books have spread not only over all Germany, but also in Austria and in other parts of Europe, after having been translated into foreign languages. Lately have been issued: "Italian School- and Conversation-Grammar", by C. M. Sauer; 8th edition, elaborated by Professor G. Cattaneo; price 3 Marks, and "Spanish Conversation-Grammar" by C. M. Sauer; 4th edition, reviewed by W. A. Röhrich; price 4 Mks."
Exporteur.

"*Otto's German Convers.-Grammar.* 21st edition. This Grammar is so universally known, as to need but little comment. Its unrivalled popularity surely points to its unrivalled excellence. The book is divided into two Parts and Courses, the first containing the etymology of the language, and the second its syntax. A few specimens of German poetical literature form a short Reader, so that the book is a complete guide to German."
The Educational Times, 1. March 1886.

"By the great number of schoolbooks, edited by the renowned publishing house of Julius Groos in Heidelberg, "GASPEY-OTTO-SAUER'S Method" has become universally known. In all the books, composed after this method, grammatical elements, expressed with clearness and precision, are followed by exercises where practical use of the rules can easily be made. As the books also contain a short Reader and Conversations, the pupil, while learning the principles, will, at the same time, be enabled to speak the foreign language. The grammars are printed with that accuracy we are accustomed to find in German works. The price being very low, the books are surely not beyond the reach of those who will study foreign languages. They can heartily be recommended for commercial academies and public schools."
Madrid, Boletin de la Agencia Literaria Internacional.

"Finally I cannot but make my acknowledgments to you about the "Dialogos castellanos" you have published. These conversations and descriptions, taken from life and composed in a very interesting manner, were of great use for me, when living in Valencia last year, and I willingly embrace the opportunity of recommending them with this."
Taken from a letter addressed to the author.

An only look at the exterior of the books may be sufficient to convince everyman that also in this point the publishers take care to meet the highest pretensions.

Method Gaspey-Otto-Sauer
for the Study of modern Languages.

For the use of Englishmen.

	Sh.	P.
Otto, Dr. E., German Convers.-Grammar. . . . New Ed.	5	6
— Key to the German Convers.-Grammar. . . . New Ed.	2	—
— Supplementary Exercises to Otto's Germ. Gram. New Ed.	2	—
— Elementary German Grammar . . . . . . New Ed.	2	6
— First German Book . . . . New Ed.	2	—
— German Reader. A Selection of Readings in German literature with explanatory Notes and a Vocabulary. In 3 Parts.		
Part I. Containing: Anecdotes, fables, descriptions, stories, parables, tales, and easy poems . . . . . . New Ed.	3	—
— Part II. Containing: Select Readings in German literature. . . . . . New Ed.	3	—
— Part III. Containing: Select German Plays. New Ed.	3	—
— Materials for translating English into German.		
Part I. . . . . New Ed.	3	—
— — Part II. . . . . New Ed.	3	—
— Key to Materials for transl. English into German. New Ed.	2	—
— German-English Conversations . . . . . New Ed.	2	6
— French Convers.-Grammar. . . . . . . New Ed.	5	6
— Key to the French Conv.-Grammar. . . . New Ed.	2	—
— Materials for translating English into French. New Ed.	3	—
Sauer, C. M., Italian Convers.-Grammar. . . New Ed.	5	6
— Key to the Italian Convers.-Grammar. . . New Ed.	2	—
— Spanish Convers.-Grammar . . . . . . New Ed.	5	6
— Key to the Spanish Convers.-Grammar . . New Ed.	2	—

For the use of Frenchmen.

	Sh.	P.
Otto, Dr. E., Grammaire allemande. Contenant, outre les principales règles de la langue allemande, *des Thèmes, des Lectures* et *des Conversations*, d'après une méthode à la fois théorique et pratique. Nouv. éd.	5	—
— Corrigé des Thèmes de la Grammaire allemande. Nouv. éd.	2	—
— Petite Grammaire allemande abrégée, à l'usage des commençants . . . . Nouvelle éd.	2	6

All the grammars, keys and "readers" for English, American, French, Italian, and Spanish students are bound (cloth or board).

	Sh.	P.
Otto, Dr. E., Lectures allemandes. I. partie. Petit recueil de versions allemandes contenant des anecdotes, des descriptions, des fables, des traits de caractère, des historiettes, des contes de fées, des paraboles, des contes moraux et des poésies, accompagnées de notes explicatives et d'un vocabulaire. Nouvelle éd.	3	—
— — II. Second recueil de versions allemandes. Nouvelle éd.	3	—
— — III. Choix de comédies allemandes	3	—
— Conversations allemandes . . . . Nouvelle éd.	2	6
Sauer, C. M., Grammaire italienne, avec des dialogues. Nouvelle éd.	5	—
— Corrigé des Thèmes et Versions contenus dans la Grammaire italienne . . . . Nouvelle éd.	2	—
— Grammaire espagnole avec des dialogues. Nouvelle éd.	6	—
— Corrigé des Thèmes et Versions contenus dans la Grammaire espagnole	2	—
Mauron-Gaspey, Grammaire anglaise. . . Nouvelle éd.	5	—
— Corrigé des Thèmes de la Grammaire anglaise. Nouvelle éd.	2	—
Mauron, Dr. A., Petite Grammaire anglaise ou *Eléments de la Langue anglaise* avec de nombreux exercices de traduction, de lecture et de conversation	2	6
— Lectures anglaises	3	6
Fuchs, Prof. P., Grammaire russe	6	—
— Corrigé des Thèmes de la Grammaire russe	2	—

For the use of Germans.

	Sh.	P.
Fuchs, Prof. P., Russische Konvers.-Grammatik	6	—
— Schlüssel zur russischen Konvers.-Grammatik	2	—
Gaspey, Dr. Th., Englische Konv.-Grammatik. (Real-, Handelsschulen und Gymnasien.) . . . . 19. Aufl.	5	—
— Englisches Konvers.-Lesebuch. (Real-, Handelsschulen und Gymnasien.) . . . . 5. Aufl.	3	6
— English Conversations. (Method. Anleitung z. Englisch-Sprechen.) . . . . geb. 4. Aufl.	2	6
Kordgien, Prof. G. C., Kleine portugiesische Sprachlehre .	2	—
Künsberg, Ph., Questionnaire français. Ein Hilfsbuch zur Erlernung der notwendigsten grammatikalischen Regeln der französischen Sprache, insbesondere zum Gebrauche bei der Vorbereitung zum Examen für Einjährig-Freiwillige	2	—
Lardelli, J., Übungsstücke z. Übersetzen aus dem Deutschen ins Italienische . . . . 2. Aufl.	2	—

METHOD GASPEY-OTTO-SAUER.

	Sh.	P.
Otto, Dr. E., Französische Konv.-Grammatik. (Realschulen, Gymnasien, Handelsschulen.) . . . . 22. Aufl.	5	—
— Französisches Konv.-Lesebuch. Erster Kursus. (Realgymnasien, Bürgersch. obere Klassen.) . . 8. Aufl.	2	6
— — Zweiter Kursus. (Realschulen, Gymnasien, Handelsschulen.) . . . . 4. Aufl.	2	6
— Französ. Konvers.-Lesebuch für Töchterschulen. Erster Kursus. (Untere Klassen.) . . . . . . 3. Aufl.	2	—
— — Zweiter Kursus. (Obere Klassen.) . . . 2. Aufl.	2	—
— Kleine franz. Sprachlehre. (Untere Klassen.). 4. Aufl.	2	—
— Kleine englische Sprachlehre für Anfänger. (Realgymnasien etc.) . . . . 2. Aufl.	2	—
— Conversations françaises. (Method. Anleitung z. Französisch-Sprechen.) . . . . geb. 5. Aufl.	2	6
— Materialien z. Übersetzen ins Englische mit Wörterbuch. (Für obere Klassen.) . . . . 2. Aufl.	2	—
— 'The Guardian', ein engl. Lustspiel von Garrick, zum Schulgebrauch mit erläuternden Anmerk. . 2. Aufl.	—	8
v. Reinhardstöttner, C., Holländische Konversat.-Grammatik . . . . 2. Aufl.	6	—
Riedel, J., Französisches Lese- und Konv.-Büchlein. (Anfangsgründe.) . . . . 5. Aufl.	1	6
— Vorschule zur franz. Grammatik. (Bürgerschulen und Gewerbschulen.) . . . . 5. Aufl.	2	—
— Maman, apprends-moi le français! . . . . . 3. Aufl.	1	6
Sauer, C. M., Italienische Schul- und Konversat.-Grammatik . . . . brosch. 8. Aufl.	5	—
Dieselbe in Lwd. geb. . . .	5	7
— Italienisches Konvers.-Lesebuch . . . . . . 3. Aufl.	3	6
— Kleine italienische Sprachlehre . . . . . . 3. Aufl.	2	—
— Dialoghi Italiani. (Methodische Anleitung zum Italienisch-Sprechen.) . . . . geb. 2. Aufl.	2	6
— Spanische Konv.-Grammatik. . . . brosch. 4. Aufl.	6	—
Dieselbe in Lwd. geb. . . .	6	7
— Diálogos castellanos. Spanische Gespräche. Ein Hilfsbuch zur Übung in der spanischen Umgangssprache . . . . geb. 2. Aufl.	2	6
Süpfle, Dr. L., Französische Schulgrammatik. (Für theor. Unterricht in Gymnasien und höheren Lehranstalten.) . . . . 5. Aufl.	3	6
— Französisches Lesebuch. (Für mittlere Klassen von Gymnasien etc.) . . . . 9. Aufl.	3	6
— Französische Chrestomathie. (Für Gymnasien und höhere Lehranstalten.) . . . . 4. Aufl.	6	—
— Englische Chrestomathie. (Für Schulen und Privat-Unterricht.) . . . . 7. Aufl.	3	6

	Sh.	P.
For the use of Italians.		
Sauer, C. M., Grammatica inglese, con dialoghi ed una esatta spiegazione della pronunzia	6	—
Sauer-Ferrari, Grammatica tedesca, con temi, letture e dialoghi, nuova edizione riveduta e notabilmente accresciuta dagli autori . . . . Nuova ed.	5	—
Otto, Dr. E., Grammatica tedesca elementare, con temi, letture e dialoghi, aggiustata ai bisogni degli allievi principianti. . . . . Nuova ed.	2	6
— **Letture tedesche.** Piccola raccolta di versioni tedesche. Nuova ed.	3	—
For the use of Spaniards.		
Otto, Dr. E., Gramática sucinta de la lengua alemana .	2	6
— Gramática sucinta de la lengua inglesa	2	6
— Gramática sucinta de la lengua francesa	2	6

JULIUS GROOS, EDITOR IN HEIDELBERG.

Printed by Julius Groos at Heidelberg.

Extract

from the Literary Review (Litterarische Rundschau) of J. B. Stamminger, at Würzburg.

EDUCATIONAL WORKS AND CLASS-BOOKS.

for the Study of modern Languages,
published by **Julius Groos** at **Heidelberg.**

Julius Groos, Publisher at Heidelberg, has for the last thirty years been devoting his special attention to educational works on modern languages, and has published a large number of class-books for the study of those modern languages most generally spoken. In this particular department he is in our opinion unsurpassed by any other German publisher. The series consists of 65 volumes of different sizes which are all arranged on the same system, as is easily seen by a glance at the grammars which so closely resemble one another, that an acquaintance with one greatly facilitates the study of the others. — This is no small advantage in these exacting times, when the knowledge of one language alone is hardly deemed sufficient.

The system referred to is easily discoverable: 1st. In the arrangement of the grammar — 2nd. In the endeavour to enable the pupil to understand a regular text as soon as possible, and above all to teach him to speak *the foreign language; this latter point was considered by the authors so particularly characteristic of their works, that they have styled them — to distinguish them from other works of a similar kind —* Conversational Grammars.

The grammars are all divided into two *parts, commencing with a systematic explanation of the rules for pronunciation, and are again subdivided into a number of* Lessons. *Each Part treats of the Parts of Speech in succession, the 1st. giving a rapid sketch of the fundamental rules, which are explained more fully in the 2nd. In the 1st. Part attention is given rather to the* Etymology; *in the 2nd. Part more to the* Syntax *of the language; without however entirely separating the two, as is generally the case in Systematic Grammars. The rules appear to us to be clearly given, they are explained by examples, & the exercises are quite suf-*

*ficient. — We must confess that for those persons who, from a **practical** point of view, wish to learn a foreign language sufficiently well to enable them to **write & speak** it with ease, the authors have set down the grammatical rules in such a way, that it is equally easy to unterstand & to learn them. —*
*Moreover we cannot but commend the elegance & neatness of the **type & binding** of the books. It is doubtless on this account that these volumes have been received with so much favour & that several have reached such an large circulation.*

*Our admiration of this rich collection of works, of the method displayed & the fertile genius of certain of the authors, is increased when we examine the different **series**, especially those intended for the use of foreigners.*

*The first series comprises manuals for the use of **Englishmen**. It consists of 19 volumes, 15 of which are adapted for the study of **German** and **French**:*
Dr. E. Otto, German **Convers-Grammar** and Key to it;
Dr. E. Otto, Supplement. exercises to the Germ. Grammar;
Dr. E. Otto, Elementary German Grammar;
Dr. E. Otto, First German Book;
Dr. E. Otto, German Reader, 3 vols.;
Dr. E. Otto, Materials for translating English into German, 2 vols. and Keys;
Dr. E. Otto, German Conversations;
Dr. E. Otto, French Convers.-Grammar and Key to it;
Dr. E. Otto, Materials for transl. English into French;
C. M. Sauer, Italian Conversation-Grammar and Key;
C. M. Sauer, Spanish Grammar and Key.

*The series for the use of **Frenchmen** comprises 17 vol., 7 of which adapted for the study of **German**:*
Dr. E. Otto, Grammaire allemande and Key to it;
Dr. E. Otto, Petite Grammaire allemande;
Dr. E. Otto, Lectures allemandes, 3 vols.;
Dr. E. Otto, Conversations allemandes;

*4 adapted for the study of **English**:*
Mauron-Gaspey, Nouvelle Grammaire anglaise and Key;
Dr. A. Mauron, Petite Grammaire anglaise;
Dr. A. Mauron, Lectures anglaises;

*two each adapted for the study of **Italian, Spanish, Russian**:*
C. M. Sauer, Nouvelle Grammaire italienne and Key;

C. M. Sauer, Grammaire espagnole and Key;
Paul Fuchs, Grammaire russe and Key.

The series for Italians comprises 4 vols. (one for the English and 3 for the German language):
C. M. Sauer, Grammatica inglese;
Sauer-Ferrari, Grammatica tedesca;
Dr. E. Otto, Piccola grammatica tedesca;
Dr. E. Otto, Letture tedesche.

There are three volumes for the use of Spaniards:
Dr. E. Otto, Gramática sucinta de la lengua alemana.
Dr. E. Otto, Gramática sucinta de la lengua francesa.
Dr. E. Otto, Gramática sucinta de la lengua inglesa.

The series for the use of Germans comprises the French subdivision with the following books:
Dr. E. Otto, Franz. Konversat.-Grammatik;
Dr. E. Otto, Franz. Konversat.-Lesebuch, in 2 parts;
Dr. E. Otto, Franz. Konversat.-Lesebuch (for the spec. use of Schools for young ladies, in 2 parts);
Dr. E. Otto, Kleine französische Sprachlehre;
Dr. E. Otto, Conversations françaises;

the English subdivision comprises:
Dr. Th. Gaspey, Englische Konversations-Grammatik;
Dr. Th. Gaspey, Englisches Konversations-Lesebuch;
Dr. Th. Gaspey, English Conversations, containing subjects taken from daily life, & extracts from history and literature;
Dr. E. Otto, Kleine englische Sprachlehre;
Dr. E. Otto, Materialien z. Übersetzen ins Englische for proficients (short pieces of consecutive prose, with conversational exercises).

the Italian subdivision comprises:
C. M. Sauer, Italienische Konversations-Grammatik;
C. M. Sauer, Italienisches Konvers.-Lesebuch, which chiefly aims at conversational language;
C. M. Sauer, Kleine italienische Sprachlehre;
C. M. Sauer, Dialoghi italiani, adapted not only for schools, but also for persons who intend to travel in Italy;

in the Spanish subdivision we have:
C. M. Sauer, Spanische Konversations-Grammatik;
C. M. Sauer, Dialogos castellanos;

in the Portugeese subdivision:
G. C. Kordgien, Kleine **Portugiesische Sprachlehre;**
in the Dutch subdivision:
Dr. C. v. Reinhardstöttner, **Holländ. Konvers.-Grammatik;**
in the Russian subdivision:
Paul Fuchs, **Russische Konversations-Grammatik.**

The works of Dr. L. Supfle, edited by the same publisher, do not follow the conversational method. The „Französische Schulgrammatik", for lower and middle Classes, a work answering both for scientific and practical purposes, though perhaps somewhat too bulky for the above-mentioned classes, contains very good exercises, and may also be useful for reference. The „Lesebuch" (or French Reader), and especially the „Chrestomathie", for upper Classes, contain careful selections, of pieces of prose and poetry, from the different periods of French literature.

(These three works have been revised and enlarged by Professor Dr. Mauron, who joined to the last a „Résumé (Compendium) de l'Histoire de la Littérature française", and a „Petit Traité de la Versification française", that enhance its value.)

The „Engl. Chrestomathie" of Dr. L. Supfle is a very good companion to the French one.

In these works the chief difficulty under which several of the authors have labored, has been the necessity of teaching a language in a foreign idiom; not to mention the peculiar difficulties which the German idiom offers in writing school-books for the study of that language.

We willingly testify that the whole collection gives proof of much care & industry, both with regard to the aims it has in view & the way in which these have been carried out, & moreover reflects great credit on the editor, this collection being in reality quite an exceptional thing of its kind. —

Paderborn 1881. . . . . t.

The Publisher is unweariedly engaged in extending the range of the educational works issuing from his press; a certain number of new books are now in course of preparation.

Printed by Julius Groos at Heidelberg.

Key

to

Dr. Emil Otto's
Materials for translating
English into German.

Second Edition.

LONDON.
DAVID NUTT, 270 Strand.
DULAU & Co., 37 Soho Square.   SAMPSON LOW & Co., 188 Fleet Street.

PARIS.
VIEWEG, FR., 67 Rue Richelieu.   FISCHBACHER, G., Rue de Seine 33.
VEUVE BOYVEAU, Rue de la Banque 22.   MESNIL-DRAMARD & Cie.,
GHIO, A., Palais-Royal,   Quai Voltaire 3.
Galerie d'Orléans 1. 3. 5. 7. & 11.   BAER J. & Cie,
HAAR & STEINERT, Rue Jacob 9.   18 Rue de l'Ancienne Comédie.
   RACT & Cie., Rue Cassette 16.

FIRENZE.   **ITALY.**   **NAPOLI.**
FLOR & FINDEL,   Libreria Hœpli F. FURCHHEIM,
Lung Arno Acciajoli 24.   59 Piazza dei Martiri, Palazzo Partanna.
LOESCHER E. & SEEBER,   **ROMA.**
via Tornabuoni 20, Palazzo Corsi.   SPITHŒVER (G. Haass), 85 Piazza di
GENOVA.   Spagna.
STENEBERG, E., Via Roma 4.   **TORINO.**
   H. LOESCHER, via di Po 19, Palazzo
MILANO.   della R. Università.
HŒPLI, U., Galleria de Cristoforis 59 63   ROSENBERG & SELLIER,
e Corso Vittorio Emanuele 37.   Via Bogino 3.

AGENCIES FOR AMERICA:
NEW YORK.   **BOSTON.**
STEIGER E. & Co.,   CHARLES SCHOENHOF,
25 Park Place.   144 Tremont Street.
CHICAGO.
MÜHLBAUER & BEHRLE (41 La Salle Street) Illinois.

HEIDELBERG.
JULIUS GROOS.

☞ All Rights are reserved.

Preface.

This Key contains the German translation of all the pieces of my *"Materials for translating English into German"*. Very frequently other expressions are added in parenthesis. The pupil however must not think that the given translation is the only correct one.

The German language is so rich that very often different phrases and synonymous words may be employed with equal exactness and propriety. A competent teacher can always decide in such matters, but those who study without a teacher should, in all cases, be guided by the Key.

In this connection I beg to inform students of German that lately a *"Second Part of the Materials"* has been published for the special use of those who wish to perfect themselves in *Conversational style*.

Heidelberg, May 1875.

Dr. Emil Otto.

Preface to the Second Edition.

This *Second Edition* of the "Key to Dr. E. Otto's Materials for translating English into German", besides introducing into it the "new orthographical spelling", now universally adopted throughout Germany, has been most carefully revised and corrected with reference to *correctness in sense* as well as to *idiomatical and proper expression*.

It has, at the same time, been essentially and — we trust — very usefully enlarged by a *treatise about the right and proper way of addressing each other in German*, be it in conversation or in correspondence, inserted as a separate *"Introduction"* into the translation of the *Letters* contained in our above named "Materials".

This question, which for a foreigner is very often rather puzzling, has not yet been sufficiently answered to, neither in the foregoing editions of the "Grammar", nor in that of the "Key".

We, therefore, trustfully hope that all the Students of German who will make use of this "Key", will thank us for having tried to explain it so fully that mistakes or blunders will henceforth easily be avoided.

Paper, print and types — we hope — will also be found improved.

Heidelberg, 1884.

The Editor.

Inhalt.

Anekdoten, Charakterzüge, Geschichten ꝛc.

	Seite
1. Eine treffende Antwort	1
2. Ein aufrichtiges Geständnis	1
3. Ariosto	1
4. Beschämte Neugier	1
5. Alexander und Parmenio	1
6. Der Reisende und der Schiffer	2
7. Einfalt	2
8. Papst Leo X. und der Goldmacher	2
9. Übertriebene Höflichkeit	2
10. Troja	2
11. Der von Soldaten beraubte Nachtwächter	3
12. Die Römer	3
13. Der Esel und der Wolf	3
14. Stentor	3
15. Die gefundene Brille	4
16. Dr. Franklin	4
17. Dekan Swift und sein Diener	4
18. Das Ei des Kolumbus	5
19. Der Derwisch	5
20. Ein Maler, welcher jedermann gefallen wollte	6
21. Kanuts Zurechtsweisung	7
22. General Ziethen	7
23. Seltene Artikel	8
24. Querfragen	8

	Seite
25. Weiblicher Heldenmut	8
26. Die zwei Kaufleute	9
27. Peter der Einsiedler	10
28. Kindliche Liebe eines Pagen	11
29. Zartgefühl König Alfonsos	11
30. Walter Scott in der Schule	12
31. Wie du mir, so ich dir	13
32. Menschenfreundlichkeit Ludwigs des XIV.	13
33. Der schlaue Messerschmied	14
34. Zerstreutheit oder Geistesabwesenheit	14
35. Der Wert der Zeit	15
36. Der wiederbelebte Sackpfeifer	15
37. Merkur und der Holzhauer	16
38. Der Hund und die Aale	17
39. Der Derwisch und der Atheist	17
40. Die Königin von Spanien hat keine Beine	18
41. Der Wolf und das Lamm	18
42. Ehrenhaftes Benehmen König Johanns von Frankreich	19
43. Das Testament eines Hundes	20
44. Bauchrednerkunst	21
45. Der Page und die Kirschen	22
46. Der Bummler	22
47. Grausamkeit des Königs Johann	23
48. Wirklicher oder innerer Wert	24
49. Eine sehr seltsame Ausrede	24
50. Wie man einen Taschendieb fängt	25
51. Eine seltsame Vorsicht	25
52—53. Dankbarkeit	26
54—55. Adeliges Blut. Eine Lehre für den Stolz	28
56—58. Die geheimnisvollen Engländer	29
59. Das verlorene Kamel	31
60—61. Die Pfeife	32
62—63. Wohlwollen	33
64—65. Achtung vor der Bibel	34
66. Das britische Reich	36

VII

		Seite
67. Der jugendliche Märtyrer	. . . . . .	36
68. Eine gute Lehre	. . . .	37
69. Rabelais, ein Verräter	. . . . . .	37
70. Elend der Unthätigkeit	. . . . . .	38
71. Hazaël, König von Syrien	. . . . .	38
72. Verzweifelte Vaterlandsliebe	. . . . .	39
73. Merkwürdiges Auskunftsmittel	. . . .	40
74. Die Störche	. . . .	40
75. Der Riese und der Zwerg	. . . . .	41
76. Rotterdam im Winter	. . . . . .	42
77. Ein westindischer Sklave	. . . . .	43
78—79. Der Bischof und seine Vögel	. . . .	44
80. Ein aufgeklärtes Rätsel	. . . . .	46
81. Der Tyrann Dionysios	. . . . . .	47
82. Napoleon und der britische Matrose	. . .	48
83. Bestrafter Geiz	. . . .	48
84—85. Pätus und Arria	. . . . . .	49
86—87. Ursprung des Kaminfegerfestes in London	. .	50
88. Gedächtnis	. . . .	52
89. Unglücksfall im Palast Schwarzenberg	. . .	53
90. Bestrafter Undank und Geiz	. . . . .	54

Letters. Introduction 55

Briefe 58
1. Bei Rückgabe einiger Bücher 58
2. Von einem Onkel an seinen Neffen 58
3. Antwort 59
4—6. Briefe über verschiedene Gegenstände 59
7. Auskunft über eine Reise nach London 61
8. Antwort 61
9. Benachrichtigung einer Mutter von der Krankheit ihres Sohnes 62
10. Über eine Reise nach Marseille 63
11. Lord Byron an seine Mutter 63
12. Herr Sterne an Herrn Panchard 64

		Seite
13. David Garrick an seinen Vater	. . . . .	64
14. Maria Stuart an Elisabeth .	. . . . .	65
15. Brief von Lord Chesterfield an seinen Sohn	. . . .	65
16. Brief von H. Chester an einen Vetter	. . . .	66
17. Dr. Johnson an Herrn Elphinstone	. . . .	67
18. Johann Benett an einen Freund	. . . . .	68
19. Ein Sohn an seinen Vater	. . . . . .	69
20. Lord Chesterfield an seinen Sohn (Nachtrag)	. . .	115

Historische Stücke.

1. Franklin	. . . .	69
2—3. Vaterlandsliebe des Regulus	. . . . .	70
4. Kopernikus	. . . .	72
5. Geschichte Katharinas von Rußland	. . . .	73
6. Kampf der Horatier und Curiatier	. . . .	76
7. Kapitän Cook	. . . . . .	78
8. Entdeckung Amerikas	. . . . . .	82
9. Kolumbus' erste Rückkehr nach Europa	. . . .	88
10. Leben und Schriften Oliver Goldsmiths	. . . .	89

Dramatisches Bruchstück.

Karl XII., ein historisches Lustspiel in 2 Akten von J. R. Planché — 95

Nachtrag:

Nro. 20 der Briefe (siehe vorn!) 115

Auszüge aus englischen Schriftstellern,

zum Übersetzen ins Deutsche eingerichtet.

1. Eine treffende Antwort.

Friedrich der Große erlitt eine schwere Niederlage bei Kollin. Einige Zeit nachher, bei einer Heerschau, fragte er scherzhaft einen Soldaten, der einen tiefen Hieb (or Schnitt) in seine Wange bekommen hatte: „Freund, in welchem Wirtshaus hast du (or haben Sie) diese Schramme bekommen?" „Ich bekam sie," sagte der Soldat, „bei Kollin, wo Ihre Majestät die Zeche bezahlte."

2. Ein aufrichtiges Geständnis.

Ein Herr, welcher einige Leute in einem Streit trennte, bekam (or erhielt) einen so großen Hieb auf seinen Kopf, daß der Wundarzt erklärte, er könne (or könnte) sein Gehirn sehen. „Das ist unmöglich," sagte der Herr, „denn, wenn ich Gehirn hätte, würde dieses mir nie (or niemals) begegnet sein."

3. Ariosto.

Ariosto baute sich ein kleines Haus (Häuschen). Von seinem Freunde befragt, warum er, der in seinem „Orlando" schöne Paläste beschrieb, sich mit einem so kleinen Häuschen begnügen könnte, erwiderte der philosophische Sänger: „Worte sind billiger, als Steine."

4. Beschämte Neugier.

Als König Wilhelm der Dritte von England auf einem Marsch für einen geheimen Feldzug war, wurde er von einem General gebeten, er möchte ihm sagen, welches seine Absicht wäre. Der König, anstatt es ihm zu sagen, fragte ihn, ob er ein Geheimnis bewahren könnte. Der General sagte, er könnte es. „Gut," antwortete Seine Majestät, „ich kann ebenso gut ein Geheimnis bewahren, als Sie."

5. Alexander und Parmenio.

Als Darius dem Alexander zehntausend Talente anbot, damit er Asien gleichmäßig mit ihm teilen sollte, antwortete der letztere: „Die

Erde kann nicht zwei Sonnen tragen, noch Asien zwei Könige." Als Parmenio, Alexanders Freund, das große Anerbieten, welches Darius gemacht hatte, hörte, sagte er: "Wenn ich Alexander wäre, so würde ich es annehmen." — "Ich würde es auch thun," erwiderte Alexander, "wenn ich Parmenio wäre."

6. Der Reisende und der Schiffer.

Ein Reisender kam an eine Fähre und mietete ein Boot, um ihn überzusetzen. Da das Wasser ein wenig bewegter war, als ihm angenehm (war), so fragte er den Schiffer, ob jemand bei dieser Überfahrt verloren worden wäre. "Niemals," erwiderte der Schiffer, "niemals. Mein Bruder ertrank hier letzte Woche, aber wir fanden ihn am nächsten Tage wieder."

7. Einfalt.

"Patrick, du Narr," rief ein Mann seinem Nachbar zu, "warum schleichst du jenem Kaninchen nach, da doch deine Flinte (or dein Gewehr) kein Schloß hat?" — "Stille! stille! mein Lieber, das Kaninchen weiß das nicht."

8. Papst Leo X. und der Goldmacher.

Ein Goldmacher, welcher dem Papste Leo dem Zehnten ein Buch gewidmet hatte, worin er behauptete, daß er eine Methode lehre, Gold zu machen, erwartete, ein prächtiges Geschenk dafür zu erhalten. Aber der Papst schickte ihm nur einen großen, leeren Beutel mit folgendem Komplimente: "Da Sie wissen, wie man Gold macht, so brauchen Sie nichts, als einen Beutel, um es hineinzuthun."

9. Übertriebene Höflichkeit.

Die Königin Elisabeth machte einst eine Reise in England, und als sie sich der Stadt Coventry näherte, kam ihr der Bürgermeister mit einer zahlreichen Reiterschar entgegen. Bei ihrer Rückkehr hatten sie einen breiten Bach zu passieren, und das Pferd des Bürgermeisters, welches durstig war, versuchte mehrere Male zu trinken, aber sein Reiter hinderte es daran. Die Königin, welche dieses bemerkte, sagte zu ihm: "Bitte, Herr Bürgermeister, lassen Sie doch Ihr Pferd trinken." Der Bürgermeister, sich sehr demütig verneigend, erwiderte: "Es würde von meinem unwürdigen Pferde die größte Anmaßung sein, zu trinken, ehe der königliche Hengst Ihrer Majestät seinen Durst gestillt hat."

10. Troja.

Troja war eine berühmte Stadt. Als Priamus König war, kamen die Griechen vor die Stadt. Sie belagerten sie zehn Jahre (lang) ohne Erfolg. Sie konnten sie nicht mit Gewalt nehmen, weil ihre Mauern hoch und breit waren; aber zuletzt wurde sie durch die Kriegslist vermittelst eines hölzernen Pferdes genommen.

Dieses Pferd, welches mit bewaffneten Männern gefüllt war, wurde als ein Geschenk für Minerva in die Stadt eingelassen. In der Mitte der Nacht, als alle schliefen, kamen die bewaffneten Männer aus dem Bauche des Pferdes heraus und verbrannten die Stadt.

11. Der von Soldaten beraubte Nachtwächter.

Einige Soldaten überfielen einst in einer einsamen Straße einen Nachtwächter in einer kleinen Stadt und nahmen ihm sein Geld und seinen Rock. Er begab sich sogleich zu dem Hauptmann des Regiments, um sich über sein Mißgeschick zu beklagen. Der Hauptmann fragte ihn, ob er die Weste, welche er jetzt trüge, angehabt hätte, als er von den Soldaten beraubt wurde. „Ja, mein Herr," antwortete der arme Kerl. „Dann, mein Freund," erwiderte der Hauptmann, „kann ich Sie versichern, daß sie nicht zu meiner Kompanie gehören, sonst würden sie Ihnen weder Weste noch Hemd gelassen haben."

12. Die Römer.

Romulus baute die Stadt Rom. Die Einwohner wurden Römer genannt (or hießen Römer) und galten für sehr tapfre Männer. Sie liebten ihr Vaterland und kämpften, um es zu verteidigen. Sie wollten lieber sterben, als ihre Freiheit verlieren. Sie (or diese) war ihnen teurer als das Leben. Sie führten viele Kriege mit den Karthagern, mit wechselndem Erfolg. Zuletzt wurden die Karthager besiegt, und die Stadt Karthago wurde zerstört.

13. Der Esel und der Wolf.

Ein Esel hatte das Unglück, einem hungrigen Wolf zu begegnen. „Habe Mitleid mit mir," sagte das zitternde Tier. „Ich bin ein armes, krankes Tier; sieh' was für einen großen Dorn ich in meinem Fuß habe."

„Wirklich, du dauerst mich recht," erwiderte der Wolf. „Gewissenhaft gesagt (or gesprochen), fühle ich mich verpflichtet (or gezwungen), dich aus deinem Elend zu ziehen (or zu befreien)."

Er hatte kaum gesprochen, als er den bittenden Esel in Stücke zerriß.

14. Stentor.

In der griechischen Armee war es gebräuchlich, in jedem Bataillon drei Männer zu haben, um die Befehle der Offiziere den Soldaten mitzuteilen. Von diesen trug einer eine Fahne und ein andrer eine Trompete. Aber in der Verwirrung und dem Getümmel der Schlacht konnte weder ein Signal gesehen, noch eine Trompete gehört werden. Der dritte Mann (welcher für diesen Zweck der stärkste in der Armee war) teilte dann die Befehle mündlich mit. Homer erzählt von einem dieser Männer, Namens Stentor, daß er ebenso laut rief, als fünfzig andre Männer. Daher sagt man, daß ein Mann mit einer gewaltigen Stimme die Stimme Stentors, oder eine Stentor-Stimme besitze.

15. Die gefundene Brille.

Einige Herren von einer Bibelgesellschaft, welche eine alte Frau besuchten, um zu sehen, ob sie eine Bibel habe, wurden mit der folgenden Antwort hart getadelt: „Glauben Sie, meine Herren, daß ich eine Heidin bin, daß Sie eine solche Frage an mich richten? Gehe," sagte sie zu einem kleinen Mädchen, „und hole meine Bibel aus meiner Schublade, daß ich sie diesen Herren zeige." Die Bibel, sorgfältig mit Papier überzogen, um den Einband zu schützen, wurde gebracht. Beim Öffnen derselben rief die alte Frau aus: „Ei, wie froh bin ich, daß Sie gekommen sind; hier ist meine Brille, die ich schon seit zwei Jahren suche, und wußte nicht, wo ich sie finden sollte."

16. Dr. Franklin.

Dr. Franklin hatte in seiner Jugend, als er noch Buchdrucker war, eine Veranlassung, von Philadelphia nach Boston zu reisen. Auf seiner Reise kehrte er in einem Wirtshause ein, dessen Wirt die ganze Neugierde seiner Landsleute besaß. Franklin hatte sich kaum zum Abendessen niedergesetzt, als der Wirt anfing, ihn mit Fragen zu quälen. Da er die Neigung dieser Leute wohl kannte und wohl wußte, daß die Beantwortung einer Frage nur den Weg für zwanzig andre (or für noch 20) bahnen würde, beschloß er, den Wirt sogleich zum Schweigen zu bringen dadurch, daß er verlangte, seine Frau, Kinder und Dienstboten zu sehen. Als sie herbeigerufen waren, sagte Franklin feierlich: „Meine guten Freunde, ich habe Sie hierher rufen lassen, um Ihnen einen Bericht über mich zu geben. Mein Name ist Benjamin Franklin; ich bin ein Buchdrucker, neunzehn Jahre alt, wohne in Philadelphia und bin im Begriffe nach Boston zu gehen. Ich schickte nach Ihnen allen, damit Sie, wenn Sie weitere Einzelheiten wissen wollten, fragen könnten und ich Sie darüber belehre, wornach ich hoffe, daß Sie mir erlauben werden, mein Abendbrot in Frieden (or Ruhe) zu essen.

17. Dekan Swift und sein Diener.

Als der verstorbene Dekan Swift, von einem Diener begleitet, einst auf einer Reise war, kehrten sie in einem Wirtshaus ein, wo sie die (ganze) Nacht logierten. Am Morgen rief der Dekan nach seinen Stiefeln; der Diener brachte sie sogleich ungeputzt. Als der Dekan sie sah, sagte er: „Was ist das Tom?" — „Da Sie im Begriff sind, (weiter) zu reiten, dachte ich, sie würden bald wieder schmutzig werden." — „Sehr gut," sagte der Dekan, „gehe und mache die Pferde fertig."

Mittlerweile befahl der Dekan dem Wirt, seinem Diener kein Frühstück zu geben. Als der Diener zurückkam, fragte der Dekan, ob die Pferde fertig wären. „Ja, mein Herr," erwiderte Tom. — „Dann gehe und führe (or bringe) sie heraus," sagte der Dekan. „Ich habe noch kein Frühstück gehabt, mein Herr." „O, das thut nichts," sagte der Dekan, „wenn du gefrühstückt hättest, so würdest du bald wieder hungrig werden." Sie stiegen auf und ritten fort. Als sie ritten, zog der Dekan ein Buch aus der Tasche und begann (or fing an) zu lesen.

Ein Herr begegnete ihnen, und da er den Dekan lesen sah, wollte er ihn nicht stören, sondern ging vorüber, bis er dem Diener begegnete. „Wer ist jener Herr?" sagte er zu dem Diener. „Das ist mein Herr (or Gebieter)." — „Das weiß ich, du Dummkopf," sagte der Herr, „aber wohin geht ihr?" — „Wir gehen in den Himmel," erwiderte Tom. — „Wie kannst du das wissen?" fragte der Herr. „Weil ich faste, und mein Herr betet."

18. Das Ei des Kolumbus.

Petro Gonzalez de Mendoza, der Groß-Kardinal von Spanien, lud (den) Kolumbus zu einem Festmahl ein, wo er ihm den ehrenvollsten Platz bei Tische anwies, und ließ ihn mit den Zeremonien bedienen, welche in jenen kleinlichen Zeiten gegen Könige (Fürsten) beobachtet wurden. Bei dieser Mahlzeit soll die wohlbekannte Anekdote von dem Ei vorgekommen sein. Ein anwesender seichter Höfling, unwillig über die Ehren, welche dem Kolumbus erwiesen wurden, und eifersüchtig auf ihn, als einen Fremden, fragte ihn plötzlich, ob er glaubte, daß, im Falle er Westindien nicht entdeckt hätte, es keine andren Leute gäbe (or geben würde), welche der Unternehmung fähig gewesen wären.

Auf dieses gab Kolumbus keine unmittelbare Antwort, sondern nahm ein Ei und lud die Gesellschaft ein, es auf die Spitze zu stellen. Jeder versuchte es, aber vergebens; worauf er es ein wenig auf den Tisch schlug, so daß die Spitze brach, und ließ es auf dem zerbrochenen Teile stehen. Auf diese einfache Art zeigte er, daß, nachdem er einmal den Weg nach (zu) der Neuen Welt gezeigt hatte, nichts leichter war, als ihm zu folgen.

Diese Anekdote ruht auf der Autorität des italienischen Geschichtschreibers Benzoni. Sie ist als trivial (unbedeutend, platt) verurteilt worden, aber die Einfachheit der Zurechtweisung machte ihre Strenge aus und war charakteristisch für den praktischen Verstand des Kolumbus. Ihre allgemeine Popularität ist ein Beweis ihres Wertes.

19. Der Derwisch.

Als ein Derwisch, der durch die Tartarei reiste, in der Stadt Balk angekommen war, ging er aus Irrtum in den Palast des Königs, da er ihn für ein öffentliches Wirtshaus oder eine Karawanen-Herberge hielt. Nachdem er einige Zeit um sich gesehen hatte, trat er in eine lange Gallerie, wo er seinen Reisesack niederlegte und seinen Teppich ausbreitete, in der Absicht, darauf zu ruhen (zu schlafen), nach der Sitte der orientalischen Nationen.

Er war nicht lange in dieser Stellung, als er von einigen der Wachen entdeckt wurde, welche ihn fragten, was er an diesem Orte zu thun hätte. Der Derwisch sagte ihnen, daß er beabsichtigte, in diesem Karawanenhaus seine Nachtherberge aufzuschlagen. Die Wache ließ ihn in einer sehr aufgebrachten Weise wissen, daß das Haus, worin er war, des Königs Palast wäre.

Es geschah, daß der König während des Wortwechsels selbst durch die Gallerie ging, und indem er über den Irrtum des Derwischs lächelte, fragte er ihn, wie er möglicherweise so dumm sein könnte, daß er einen Palast nicht von einer Karawanenherberge unterscheiden könnte.

„Sire," sagte der Derwisch, „erlauben Sie mir, Ihrer Majestät eine oder zwei Fragen vorzulegen:" „Wer waren die Personen, welche in diesem Hause wohnten, als es zuerst gebaut war?" Der König erwiderte: „Meine Vorfahren." „Und wer," sagte der Derwisch, „war die letzte Person, die hier wohnte?" Der König antwortete: „Mein Vater." „Und wer ist es," sagte der Derwisch, „der jetzt hier wohnt?" Der König entgegnete ihm, daß er selbst es wäre. „Und wer," sagte der Derwisch, „wird nach Ihnen hier sein?" Der König antwortete: „Der junge Prinz, mein Sohn." „Ah, Sire," sagte der Derwisch, „ein Haus, welches so oft seine Bewohner wechselt und eine so beständige Aufeinanderfolge von Gästen empfängt, ist kein Palast, sondern ein Wirtshaus."

20. **Ein Maler, welcher jedermann zu gefallen suchte.**

Ein berühmter Maler des Altertums beschloß eines Tages, ein Bild zu malen, so vollkommen, als es nur denkbar war. Er war schon berühmt geworden und zeichnete sich in seiner Kunst aus; aber in diesem Falle versuchte er alles, was er vorher gethan hatte, zu übertreffen. Er faßte daher den Plan, ein ganz fehlerloses Bild zu malen. Als das Bild beendet war, und da er sich nicht für einen genügenden Richter hielt, stellte er es auf dem Marktplatze aus und bat die Zuschauer, ihre Meinung abzugeben, indem sie (or dadurch, daß sie) mit einem Bleistift, welchen er zu diesem Zwecke dort gelassen hatte, alle Fehler bezeichneten, welche sie möglicherweise entdecken könnten.

Jedermann bezeichnete das, was ihm fehlerhaft schien; und als der Maler abends kam, um sein Bild nach Hause zu tragen, bemerkte er zu seinem großen Erstaunen, daß beinahe jeder Zug des Gesichtes und jede Falte des Mantels mißbilligt worden war. Da er indessen von seinen eignen Talenten eine gute Meinung hatte (besaß), faßte er den Mut, einen zweiten Versuch zu machen.

Am zweiten Tage stellte er wieder sein Bild dem Auge des Publikums (öffentlichen Auge) aus, und bat die Zuschauer, mit dem Bleistift, wie am Tage vorher, diejenigen Teile zu bezeichnen, welche sie für sehr vortrefflich hielten; aber als er abends kam, um es zu prüfen, fand er, daß das Publikum jeden Zug gebilligt hatte.

Dieses zeigt klar, daß derjenige, welcher dem einen gefällt, dem andern mißfallen kann, und daß es für einen Verfasser, wer er auch sein mag, eine Thorheit ist, jedermann gefallen zu wollen.

21. Kanuts Zurechtweisung.

Kanut, der größte und mächtigste Monarch seiner Zeit, Herrscher von Norwegen und Dänemark sowohl als von England, konnte nicht verfehlen, von seinen Höflingen Schmeicheleien zu erfahren. Einige seiner Schmeichler, indem sie eines Tages in Bewunderung über seine Größe ausbrachen, riefen aus, daß ihm alles möglich wäre. Hierauf soll der König befohlen haben, daß man seinen Stuhl ans Meeresufer stelle, während die Flut stieg; und als die Wasser sich nahten, befahl er ihnen, sich zurückzuziehen und der Stimme dessen zu gehorchen, der der Herr des Weltmeers wäre. Er stellte sich, als ob er einige Zeit in Erwartung ihrer Unterwerfung (da) säße. — Als aber das Meer noch immer gegen ihn vorrückte und anfing, ihn mit seinen Wellen zu waschen (bespülen), wandte er sich gegen seine Höflinge und bemerkte ihnen, daß jedes Geschöpf im Weltall schwach und ohnmächtig wäre und daß die Macht bei einem Wesen allein wäre, in dessen Händen alle Elemente der Natur wären, welcher zu dem Weltmeer sagen könnte: „Soweit sollst du gehen und nicht weiter;" und welcher mit seinem Wink die höchsten Haufen menschlichen Stolzes und Ehrgeizes eben machen könnte.

22. General Ziethen.

Es ist wohl bekannt, daß der vormalige König von Preußen, Friedrich der Große, während der vielen und langen Kriege, in die er verwickelt war, nicht nur alle Gefahren, sondern auch die Unbequemlichkeiten eines gemeinen Soldaten teilte.

Einst marschierte er mit seinen Grenadier-Garden bis sehr spät in die Nacht. Endlich machten sie Halt. Der König stieg ab und sagte: „Grenadiere, es ist eine kalte Nacht, deshalb zündet ein Feuer an." Dies wurde sogleich gethan; der König hüllte sich in seinen blauen Mantel, setzte sich auf einige Holzstücke in der Nähe des Feuers, und die Soldaten setzten sich um ihn herum. Endlich kam der General Ziethen und nahm seinen Platz ebenfalls auf einem Holzbündel. Beide waren äußerst ermüdet und schliefen sanft ein. Aber der König öffnete sehr oft seine Augen, und als er bemerkte, daß Ziethen von seinem Sitze herabgeglitten war, und daß ein Grenadier eine Welle als Kopfkissen unter seinen Kopf legte, sagte er mit lauter Stimme: „Bravo, der alte Herr ist müde."

Bald nachher stand ein Grenadier auf, halb schlafend, in der Absicht, seine Pfeife am Feuer anzuzünden; aber er berührte unachtsamerweise den Fuß des Generals. Der gute König, der froh war, Ziethen ein wenig ruhen zu sehen, stand schnell auf, winkte mit der Hand und sagte leise: „Still, Grenadier, gib acht und wecke den General nicht (auf), er ist sehr schläfrig." Derselbe Offizier verfiel einst in Schlummer an des Königs Tafel. Als ein Anwesender eine Bewegung machte, um ihn zu wecken, sagte der König: „Laßt ihn schlafen! — Er hat lange genug gewacht, damit wir schlafen können."

23. Seltene Artikel.

Als Georg der Erste, König von England, einst auf einer Reise nach Hannover war, hielt er in einem kleinen Dorfe in Holland an, und da er hungrig war, verlangte er zwei oder drei Eier, welche er aß, während die Postillione die Pferde wechselten. Als sie im Begriff waren, fortzufahren, sagte der Diener Sr. Majestät, daß der Wirt zweihundert Gulden verlangt habe; worauf ihn der König rufen ließ und ihm sagte: „Wie kommt es, mein Herr, daß Sie mir zweihundert Gulden für drei Eier fordern, sind sie so selten hier?" — „Nein," erwiderte der Wirt, „(die) Eier sind überflüssig genug, aber (die) Könige sind außerordentlich selten hier, und wir müssen soviel Gewinn als möglich aus ihnen ziehen, wenn uns das Schicksal die Ehre erweist, sie in unsern Weg zu führen." Der König lächelte und befahl den Postillionen fortzufahren, indem er dem Wirt sagte: „qu'il donnait ses œufs pour avoir des bœufs." (daß er seine Eier gäbe, um Ochsen dafür zu bekommen.)

24. Querfragen.

Friedrich der Große gab so sehr acht auf seine Garderegimenter, daß er jeden der Soldaten persönlich kannte. Wenn er einen frischen sah, pflegte er die drei folgenden Fragen an ihn zu richten: Erstens, „wie alt sind Sie?" Zweitens, „wie lang sind Sie schon in meinem Dienste?" Drittens, „sind Sie mit ihrem Sold und Ihrer Behandlung zufrieden?" Es geschah, daß ein junger Franzose, der keine drei Worte deutsch verstand, in den preußischen Dienst angeworben wurde, und Friedrich, als (or indem) er ihn sah, stellte die gewöhnlichen Fragen an ihn. Der Soldat hatte die Antworten gelernt, aber in derselben Ordnung wie der König gewöhnlich fragte.

Unglücklicherweise fing Friedrich bei dieser Veranlassung mit der zweiten Frage an: „Wie lange sind Sie schon in meinem Dienst?" „Einundzwanzig Jahre," erwiderte der Franzose. — „Was," sagte der König, „wie alt sind Sie denn?" „Ein Jahr," war die Antwort. „Auf mein Wort," sagte Friedrich, „Sie oder ich müssen verrückt sein." „Beide," antwortete der Soldat, nachdem, wie er gelehrt worden war. „Ei," sagte der erstaunte Monarch, „das ist das erste Mal, daß ich jemals von einem meiner Garden ein Narr genannt wurde. Was wollen Sie damit sagen, (mein Herr)?" — Der arme Kerl, als er den König zornig sah, sagte ihm auf französisch, daß er kein Wort deutsch verstehe. — „Ah! ist es so?" sagte Friedrich. „Gut, lernen Sie es so bald als möglich, und ich habe keinen Zweifel, daß Sie einen sehr guten Soldaten abgeben werden."

25. Weiblicher Heldenmut.

Robert, ein Wildhüter, welcher in einem einsamen Hause bei Weilheim wohnte, ging eines Tages mit seiner Familie zur Kirche, indem er eine Tochter zu Hause ließ, die sechzehn Jahre alt war.

Sie waren noch nicht lange gegangen, als am Thore ein alter
Mann erschien, der scheinbar halb tot vor Kälte war. Aus Mit=
gefühl mit seiner Lage ließ sie ihn ein und ging in die Küche, um
ihm etwas Suppe zu bereiten. Durch ein Fenster, welches mit dem
Zimmer, in welchem sie ihn gelassen hatte, in Verbindung stand,
bemerkte sie, daß er den Bart, welchen er trug, als er hereinkam,
hatte fallen lassen, und daß er jetzt als ein starker Mann erschien
und im Zimmer hin und her ging mit einem Dolche in seiner (or
der) Hand.

Da sie kein Mittel zu entkommen fand, bewaffnete sie sich mit
einem Hackmesser in der einen Hand, und mit der kochenden Suppe
in der andern; und als sie in das Zimmer trat, in welchem er
war, warf sie ihm zuerst die Suppe ins Gesicht und dann gab sie
ihm mit dem Hackmesser einen Streich auf den Nacken, welcher ihn
bewußtlos zu Boden streckte.

In diesem Augenblick veranlaßte sie ein andres Klopfen (or
noch ein Klopfen) am Thore, aus einem oberen Fenster hinauszu=
sehen, als sie einen fremden Jäger sah, welcher Einlaß begehrte
und auf ihre Weigerung drohte, das Thor aufzubrechen. Sie nahm
sogleich ihres Vaters Flinte und, als er Anstalt machte, seine
Drohungen in Ausführung zu bringen, schoß sie ihn durch die
rechte Schulter, worauf er seinen Weg zurück in den Wald nahm.
Eine halbe Stunde später kam eine dritte Person und fragte nach
einem alten Mann, welcher diesen Weg gegangen sein müßte. Sie
sagte, daß sie nichts von ihm wüßte; und als er Anstalt machte,
das Thor aufzubrechen, nachdem er durch unnütze Drohungen ver=
sucht hatte, sie zu bewegen, es zu öffnen, schoß sie ihn auf der
Stelle tot.

Da die Triebfedern zu ihrem Mute jetzt am Ende waren,
begann ihr Herzhaftigkeit zu sinken, und sie schoß und schrie aus den
Fenstern, bis einige Leute zu dem Haus herbeigezogen wurden; aber
nichts konnte sie bewegen, das Thor zu öffnen, bis die Familie
von der Kirche zurückkehrte.

26. Die zwei Kaufleute.

Ein persischer Kaufmann, welcher Veranlassung hatte, eine Ge=
schäftsreise zu machen, hinterlegte einen Zentner Silber bei einem
Nachbar. Bei seiner Rückkunft verlangte (bat) er, daß man es ihm
zurückgebe. „Ihr Silber!" sagte der andre, „leider habe ich es
nicht mehr, ich bedaure sagen zu müssen, daß eine Ratte das
Ganze gefressen (or verschlungen) hat. Ich war sehr böse gegen
meine Diener (or Dienstboten), aber was konnte ich thun? Jeder=
mann ist Unfällen unterworfen."

Der Kaufmann war über dieses Wunder erstaunt, aber dessen=
ungeachtet stellte er sich, als ob er es glaubte. Einige Tage nach=
her, als er dem Kind des treulosen Nachbars begegnete, trug er es
in sein Haus, versteckte es und lud den Vater zum Mittagessen ein.
Letzterer entschuldigte sich, und indem er in Thränen ausbrach, sagte

er: „Ich bitte, mir zu erlauben, abzulehnen (or daß ich es ablehne). Ich werde niemals wieder das Glück kennen. Ich hatte einen einzigen Sohn, welchen ich mehr liebte als mein Leben, ach! wie soll ich es sagen? Ich habe ihn nicht mehr; er ist mir gestohlen worden, haben Sie Mitleid mit meinem Unglück!"

Der Kaufmann erwiderte: „Gestern abend bei Einbruch der Nacht fiel eine Nachteule über Ihren Sohn her und trug ihn in (irgend) eine Ruine fort." „Wie kann ich glauben," sagte der Vater, „daß eine Eule jemals eine so große Beute wegtragen könnte (or kann)? Nötigenfalls (or wenn nötig) hätte mein Sohn den Vogel fangen können." — „Ich kann nicht behaupten, Ihnen zu sagen, wie," erwiderte der andre, „ausgenommen, daß ich es mit meinen eignen Augen sah; und ich muß bemerken, daß ich nicht einsehen kann, welches (or was für ein) Recht Sie haben, zu zweifeln, wenn ich es sage. Was kann merkwürdig (daran) sein, wenn eine Nachteule ein Kind wegträgt, das nur fünfzig Pfund wiegt, wenn (or da doch) eine Ratte Silber verschlingen kann und noch dazu einen ganzen Zentner." Der andre, welcher verstand, was er meinte, gab dem Kaufmann sein Silber, der ihm seinen hoffnungsvollen Sohn zurückgab.

Ein ähnliches Gespräch fand zwischen zwei Reisenden statt. Der eine von ihnen gehörte zu der Klasse, welche alles durch ein Vergrößerungsglas sieht und alles riesengroß findet. „Ich habe," sagte er, „einen Krautkopf gesehen, größer (or der größer war) als ein Haus." — „Und ich," sagte der andre, „eine Pfanne (or einen Kessel), ebenso groß wie (or als) eine Kirche." Der Erste lacht ihn aus, der andre erwidert: „Sachte Freund, sachte, die Pfanne (or der Kessel) wurde (or war) in der Absicht gemacht, deinen Krautkopf darin zu kochen."

27. Peter der Einsiedler.

Peter der Einsiedler, gebürtig aus Amiens in der Pikardie, war ein Mann von großem Eifer, von großem Mut und von großer Frömmigkeit. Er hatte eine Wallfahrt nach dem heiligen Grabe in Jerusalem gemacht und sah mit Unwillen die grausame Art, auf welche die Christen von den Ungläubigen behandelt wurden, welche im Besitze des Platzes waren. Unfähig, sein Rachegefühl zu unterdrücken, faßte er bei seiner Rückkehr den kühnen Plan, das heilige Land von dem mohammedanischen Joche zu befreien und den Christen das Land zurückzugeben, wo ihre Religion zuerst verbreitet wurde. Er legte zuerst seine Absichten dem damaligen Papste Martin II. (dem Zweiten) vor, welcher diesen kühnen Schwärmer in seinen Plänen unterstützte.

Peter, durchglüht von einem Eifer, welcher keine Grenzen kannte, fing an, den Kreuzzug zu predigen, und die Fürsten der Christenheit zu der (or zur) Wieder-Eroberung des heiligen Landes zu bewegen. Barhäuptig und barfüßig reiste er von Hof zu Hof, indem er predigte, wie er ging, und den Eifer jeder Volksklasse entflammte. Nachdem der Ruf seines Planes auf diese Art (or Weise) verbreitet wurde (or war), wetteiferten Prälaten, Edelleute und Fürsten ihn zu unterstützen; und in (or bei) einer Kirchenversammlung, welche in Clermont gehalten wurde, wo der Papst selbst zu dem Unternehmen ermahnte, rief die ganze Versammlung einstimmig, als wie durch eine göttliche Eingebung: „Es ist Gottes Wille, es ist Gottes Wille."

Von jener Zeit an sah man nichts als eine allgemeine Wanderung der westlichen Nationen nach dem Osten; Männer aus allen Ständen eilten zu den Waffen mit der äußersten Fröhlichkeit und trugen das Zeichen des Kreuzes auf ihrer rechten Schulter, als einen Beweis (or als ein Zeichen) ihrer Hingebung an die Sache.

28. Kindliche Liebe eines Pagen.*)

Der Kaiser Karl V. (der Fünfte) hatte einen Pagen Namens Athanasius d'Ayala, dessen Vater die Unklugheit gehabt (or begangen) hatte, sich in eine Verschwörung gegen seinen Monarchen einzulassen; er wurde verbannt, sein Eigentum konfisziert und er selbst wurde genötigt zu fliehen. Athanasius war noch sehr jung, nicht mehr als vierzehn Jahre alt, und folglich erhielt er noch keinen Gehalt bei Hofe; sein zärtliches Herz war tief betrübt über die Lage seines Vaters, welcher in Armut gestürzt war, und er hatte keine Mittel, ihm (eine) Unterstützung zu schicken. Unfähig, den Gedanken an die Leiden seines Vaters länger zu ertragen, verkaufte endlich der junge Athanasius das Pferd, welches ihm zu seinen Reitübungen erlaubt wurde, und schickte das Geld seinem Vater.

Das Pferd wurde bald vermißt und der Page befragt; aber er weigerte sich hartnäckig, irgend eine Rechenschaft darüber zu geben. Der Kaiser, der von dem Umstand unterrichtet wurde, ließ Athanasius vor sich bringen und bestand darauf zu erfahren, was er mit dem Pferde gemacht (or gethan) habe. Der Jüngling fiel sogleich auf seine Kniee, und in Thränen ausbrechend gestand er das Ganze (or alles), indem er sagte: „Ich hoffe, Ihre Majestät wird mir verzeihen, denn wenn mein Vater seine Pflicht gegen seinen König vergessen hat, ist er dessenungeachtet mein Vater, und nichts könnte mich entschuldigen, wenn ich meine Pflicht gegen ihn vergessen würde."

29. Zartgefühl Alfonsos, Königs von Aragonien.

Alfonso, König von Aragonien, ging eines Tages zu einem Juwelier, um einige Diamanten als Geschenke für einen fremden Prinzen zu kaufen. Er war von mehreren Höflingen (or Hofleuten) begleitet, und der Juwelier breitete seine schönsten Diamanten und andre Edelsteine ohne Zögern vor ihnen aus. Nachdem der Fürst seine Einkäufe gemacht hatte, zog er sich zurück; aber er hatte kaum das Haus verlassen, als ihm der Juwelier nachfolgte und ihn bat, ihm die Ehre zu erweisen, einen Augenblick zurückzukehren, da er

---

*) Pronounce the g as a French soft g.

ihm etwas Wichtiges zu sagen habe. Der Fürst und seine Hof=
leute traten wieder ein, und der Juwelier sagte dann, daß ein Dia=
mant von großem Werte durch einen seiner Begleiter genommen
worden wäre.

Alfonso blickte die, welche ihn begleiteten, strenge an, indem
er sagte: „Wer auch von Ihnen den Diamanten gestohlen haben
mag, er verdient die strengste Strafe; aber die Veröffentlichung
seines Namens könnte vielleicht den guten Namen einer ehrenhaften
Familie beflecken; ich will Ihnen diese Schande (or diesen Schimpf)
ersparen. Er bat dann den Juwelier, einen großen mit Kleie ge=
füllten Topf zu bringen. Als dieser gebracht wurde, befahl er
jedem seiner Begleiter, seine rechte Hand geschlossen in den Topf
zu tauchen und sie dann ganz offen herauszuziehen. Es wurde ge=
than, und als man die Kleie siebte, wurde der Diamant gefunden.
Der Fürst wandte sich alsdann an sie (or redete sie dann an), in=
dem er sagte: „Meine Herren, ich werde keinen von Ihnen in Ver=
dacht nehmen; ich will die Sache vergessen, der Schuldige kann der
Qual seines schuldigen Gewissens nicht entgehen (or entrinnen).

30. Walter Scott in der Schule.

Als dieser berühmte Schriftsteller in der Schule war, war er
sehr fleißig; jedoch scheint es, daß sein Verstand nicht glänzend
war, und daß er seinen großen Erfolg im späteren Leben seiner
unermüdlichen Beharrlichkeit verdankte.

Die folgende Anekdote findet sich in seiner kürzlich veröffent=
lichten Selbstbiographie.

„Es war," sagt Walter Scott, „ein Knabe in meiner Klasse,
der immer oben saß, und ich konnte ihn mit all meinen Anstren=
gungen nicht hinunterbringen. Tag kam nach Tag, und er behielt
noch immer seinen Platz. Endlich bemerkte ich, daß er, wann er ge=
fragt wurde, immer mit seinen Fingern an einem besonderen Knopfe
an dem unteren Teile seiner Weste spielte, während er eine Ant=
wort suchte. Ich dachte deshalb, daß, wenn ich den Knopf schlau
entfernen könnte, das Erstaunen, ihn nicht zu finden, seine Gedan=
ken bei der nächsten Prüfung der Klasse verwirren und mir eine
Gelegenheit geben könnte (or möchte), ihn hinunter zu bringen. Der
Knopf wurde deshalb entfernt, ohne daß er es bemerkte. Groß
war meine Angst, den Erfolg meiner Maßregel zu kennen, und sie
gelang mir nur zu gut.

Die Stunde der Prüfung kam, und der Knabe wurde befragt.
Er suchte, wie gewöhnlich, mit seinen Fingern den freundlichen Knopf,
aber konnte ihn nicht finden. Verlegen (or außer Fassung gebracht)
blickte er hinunter, aber das Zaubermittel war fort, seine Gedanken
wurden verwirrt, er konnte nicht antworten. Ich ergriff die Ge=
legenheit, beantwortete die Frage und nahm seinen Platz (ein), wel=
chen er niemals wieder gewinnen konnte, und ich glaube nicht, daß
er den Urheber des Streiches jemals in Verdacht nahm.

Ich habe ihn oft begegnet (or ich bin ihm oft begegnet), seit wir in die Welt eintraten, und niemals, ohne zu fühlen, daß mir mein Gewissen Vorwürfe machte. Häufig beschloß ich, es ihm zu vergelten, dadurch, daß ich ihm einen Dienst leistete; aber es bot sich keine Gelegenheit, und ich fürchte, daß ich eine solche nicht mit soviel Eifer suchte, als ich mich bemüht hatte, ihn in der Schule hinunter zu bringen.

31. Wie du mir, so ich dir.

Ein Herr von Oliver Cromwells Haushalt hatte eine große Liebe (or Neigung) für die jüngste Tochter des Protektors gefaßt; die junge Dame entmutigte ihn nicht, und endlich schlug er eine geheime Heirat vor, da keine Hoffnung (vorhanden) war, ihres Vaters Einwilligung zu erlangen. Jemand, der das Geheimnis entdeckt hatte, teilte es Cromwell mit, welcher ihm den Befehl gab, zu wachen und ihn wissen zu lassen, wenn der Herr und seine Tochter das nächste Mal wieder beisammen sein würden. Dieses geschah am folgenden Tage, und Cromwell, der (or nachdem er) davon unterrichtet war, trat plötzlich in das Zimmer seiner Tochter ein, wo er den Herrn auf den Knieen vor ihr fand.

Der Protektor, in Wut, verlangte eine Erklärung über sein Betragen, und der andre erwiderte mit großer Geistesgegenwart: „Möge es Ihrer Hoheit gefallen, ich habe eine große Liebe zu dem Kammermädchen Ihrer Tochter, aber sie weigert sich, mir ihre Hand zu geben; da ich nun dachte, daß diese junge Dame großen Einfluß auf (or über) sie habe, (so) war ich im Begriffe, sie zu bitten, daß sie Fürbitte für mich einlegen möchte."

„Oh!" erwiderte Oliver, „wenn das der Fall ist, so werde ich sehen, was ich für Sie thun kann." — Und nachdem er die Jungfrau gerufen hatte, sagte er zu ihr: „Warum verweigern Sie die Ehre, Herrn White zu heiraten? Er ist mein Freund, und ich bestehe darauf, daß Sie Ihre Einwilligung geben." — Das junge Mädchen, welches nichts dagegen hatte, errötete tief, und Cromwell sagte: „Ah! ich sehe, wie es ist, ein Bischen Koketterie; gehen Sie und rufen Sie mir den Kaplan." — Der Kaplan kam, und Oliver befahl ihm, den Herrn White und das Kammermädchen sogleich zu trauen. Herr White war genötigt sich zu unterwerfen, oder sich Cromwells Rache auszusetzen, welcher indessen, um die Braut anziehender zu machen, ihr eine Mitgift von fünfhundert Pfund gab.

32. Menschenfreundlichkeit Ludwigs des XIV.

Während der Regierung Ludwigs des Vierzehnten kam ein italienischer Chemiker Namens Poli nach Paris, und nachdem er eine Audienz bei dem Könige erlangt hatte, teilte er ihm mit, daß er eine Zusammensetzung entdeckt habe, die zehnmal zerstörender wäre, als Schießpulver. Ludwig war ein Freund der Chemie und befahl dem Italiener, die Zusammensetzung zu bereiten und die Versuche an einem gewissen Tage in seiner Gegenwart zu machen.

Es wurde gethan, und alles gelang, wie es Poli wünschte, welcher dann dem König bemerkte, daß es ihm eine große Überlegenheit über seine Feinde geben würde. — „Es ist wahr," sagte Ludwig, „Ihre Erfindung ist sehr sinnreich, aber das Menschengeschlecht besitzt schon hinreichende Mittel, einander zu zerstören. Sie sollen für Ihre Mühe und Ihren Erfindungsgeist reichlich belohnt werden, aber ich verpflichte Sie, zur Ehre der menschlichen Natur, Ihr Geheimnis nie auszubreiten."

33. Der schlaue Messerschmied.

Es steht in London in (or auf) einem Platze, genannt Charing-Croß, ein sehr schönes Standbild in Erz von Karl dem Ersten zu Pferde. Nach der Revolution und der Enthauptung jenes Monarchen wurde das Standbild heruntergenommen und einem (or an einen) Messerschmied verkauft, der es unternahm, es zu vernichten. Er verfertigte sogleich eine große Anzahl von Messern und Gabeln mit ehernen Stielen und stellte sie in seinem Laden aus, als das Erzeugnis der Bildsäule, von der man glaubte, daß sie geschmolzen worden wäre. Sie wurden so schnell gekauft, sowohl von den Freunden als von den Feinden des verstorbenen Monarchen, daß sich der Messerschmied bald ein Vermögen machte und sich von den Geschäften zurückzog.

Bald nach der Wiederherstellung wurde vorgeschlagen, ein neues Standbild zum Gedächtnis an den unglücklichen König zu errichten. Der Messerschmied, welcher davon hörte, teilte der Regierung mit, daß er ihr (ihnen) die Mühe und die Kosten ersparen könnte, ein Standbild zu gießen, da das alte noch in seinem Besitze wäre, und daß er es ihr (ihnen) um einen mäßigen Preis verkaufen wollte. Der Handel wurde geschlossen, und das Standbild, welches er im Geheimen aufbewahrt hatte, wurde auf dem Fußgestell in Charing-Croß wieder aufgerichtet, wo es jetzt noch steht.

34. Zerstreutheit oder Geistesabwesenheit.

Unter den vielen merkwürdigen Beispielen von Zerstreutheit haben wir das folgende lächerliche von dem berühmten englischen Philosophen Newton.

Als er eines Morgens mit dem Studium eines schwierigen Problems tief beschäftigt war, wollte er es nicht verlassen, um mit seiner Familie zum Frühstück zu gehen. Seine Haushälterin indessen, welche fürchtete, daß das lange Fasten ihn krank machen könnte, schickte eine der Mägde in sein Zimmer (or Kabinet), mit einem Ei und einer Pfanne mit Wasser. Der Magd wurde gesagt, daß sie das Ei kochen und bleiben sollte, während ihr Herr es äße; aber Newton, welcher wünschte, allein zu sein, schickte sie fort, indem er sagte, er wollte es selbst kochen. Die Magd, nachdem sie es

neben seine Uhr auf den Tisch gelegt und ihm gesagt hatte, es drei
Minuten kochen zu lassen, ging hinaus; aber da sie fürchtete, er
möchte es vergessen, kehrte sie bald nachher zurück und fand ihn
am Ofen stehen, mit dem Ei in seiner Hand, während seine Uhr
in der Pfanne kochte, und er dachte nicht an den Irrtum, welchen
er begangen hatte.

35. Der Wert der Zeit.

König Alfred, welcher im Jahr 871 den Thron von England
bestiegen hatte und der, wie Karl der Große, durch seine Hochherzig=
keit und weise Regierung den Titel „der Große" erlangt hatte, war
ein kluger Zeitsparer, indem (or da) er wohl wußte, daß ein ver=
lorener Augenblick niemals wieder gewonnen werden kann. Alfred
wünschte, den Tag in gleiche Teile zu teilen, um einen gewissen Zeit=
raum der Ausführung der verschiedenen Sachen (or Gegenstände)
zu widmen, welche er in Aussicht hatte.

Dies war nichts Leichtes, da die Uhren zu jener Zeit (or
damals) beinahe unbekannt in Europa und ganz unbekannt in Eng=
land waren. Es ist wahr, daß bei schönem Wetter die Flucht der
Zeit einigermaßen durch den Lauf der Sonne bemerkt werden konnte,
aber in der Nacht, und wenn die Sonne durch Wolken verdeckt
war, gab es kein Mittel zu urteilen.

Der König, nach langer Überlegung und vielen Versuchen,
ließ eine gewisse Menge Wachs zu sechs Lichtern von gleicher Länge
und Dicke verarbeiten, welche, wenn sie nacheinander angezündet
wurden, (wie er durch Erfahrung gefunden hatte) von Mittag bis
Mittag zu dauern pflegten. Auf jedem dieser Lichter bezeichnete er
zwölf Abteilungen oder Zolle, so, daß er nahezu wußte, wie der
Tag verging, da die Verbrennung jedes Lichtes den Ablauf eines
sechsten Teiles oder ungefähr vier Stunden, und jede Abteilung
oder jeder Zoll den Verfluß von zwanzig Minuten anzeigte.

Durch dieses Mittel erlangte Alfred, was er wünschte, ein ge=
naues Maß der Zeit, und die Verbesserungen, welche während seiner
Regierung stattgefunden haben, zeigen, daß sowohl der König als
sein Volk den Wert derselben zu würdigen gelernt hatten.

36. Der wiederbelebte Sackpfeifer.

Der folgende Vorfall ereignete sich in London während der
großen Pest, welche im Jahr 1665 beinahe 100,000 Einwohner
hinwegraffte.

Ein schottischer Sackpfeifer pflegte dadurch sein Brot zu ver=
dienen, daß er jeden Tag auf der Treppe der St. Andreaskirche
in Holborn saß und seine Sackpfeife spielte. Um der Seuche zu
entrinnen, trank er sehr viel Branntwein; und eines Tages, nach=
dem er mehr als gewöhnlich getrunken hatte, wurde er so betrunken,
daß er fest auf der Treppe einschlief. Man hatte die Gewohnheit,
während der Dauer jener schrecklichen Krankheit, jede Nacht Karren
herumzuschicken, um die Toten zu sammeln und sie nach einem ge=

meinsamen Grabe oder einer tiefen Grube zu führen, von welchen mehrere in der Umgegend Londons gemacht worden waren. Als die Männer mit dem Karren Holborn=Hill hinauffuhren und den Pfeifer auf der Treppe ausgestreckt sahen, dachten sie natürlich, daß es ein toter Körper wäre, und warfen ihn unter die andern in den Karren, ohne zu bemerken, daß er seine Sackpfeife unter seinem Arme hatte, und ohne auf seinen Hund acht zu geben, welcher dem Karren folgte und ganz jämmerlich bellte und heulte.

Das Rütteln des Wagens über die Steine und das Geschrei des armen Hundes weckten den Pfeifer bald aus seinem betrunkenen, toten=ähnlichen Zustande, und da er nicht fähig war zu entdecken, wo er war, begann er seine Sackpfeife zu drücken und ein schottisches Lied zu spielen zum großen Erstaunen und Schrecken der Fuhrleute, welche sogleich Lichter holten und den Schotten unter den Leichnamen aufrecht sitzend fanden, indem er seine Pfeife spielte. Er wurde bald befreit und seinem treuen Hunde zurückgegeben. Der Pfeifer wurde durch dieses Ereignis so berühmt, daß einer der ersten Bild= hauer jener Zeit von ihm und seinem Hunde eine Bildsäule machte, welche in London noch immer zu sehen ist.

37. Merkur und der Holzhauer.

Ein Mann fällte einen Baum am Ufer eines Flusses und ließ zufällig seine Axt aus der Hand fallen, welche ins Wasser fiel und sogleich auf den Grund sank. Da er deshalb in großer Not wegen des Verlustes seines Werkzeuges war, setzte er sich nieder und be= klagte sich höchst jämmerlich.

Auf dieses erschien ihm Merkur, und nachdem er sich über die Ursache seiner Klage erkundigt hatte, tauchte er auf den Grund des Flusses, und als er wieder heraufkam, zeigte er dem Manne eine goldene Axt und fragte ihn, ob diese ihm gehörte. Er sagte, daß sie es nicht wäre. Darauf tauchte Merkur zum zweiten Male unter und brachte eine silberne herauf. Der Mann wies sie zurück, in= dem er gleicherweise bemerkte, daß diese nicht sein wäre. Merkur tauchte zum dritten Male unter und holte die Axt herauf, welche der Mann verloren hatte. Bei ihrem Anblick war der arme Mann überglücklich und nahm sie mit Demut und Dankbarkeit an.

Merkur war über die Ehrlichkeit des Mannes so erfreut, daß er ihm die andern oben drein gab, als eine Belohnung für sein gerechtes Benehmen. Der Mann geht zu seinen Kameraden zurück und erzählt ihnen, was ihm begegnet war. Darauf ging einer von ihnen sogleich an den Fluß und ließ seine Axt absichtlich in das Wasser fallen; dann setzte er sich ans Ufer und fing an zu weinen und zu klagen, als ob er wirklich und tief betrübt gewesen wäre.

Merkur erschien wie vorher, tauchte unter und brachte ihm eine goldene Axt herauf, indem er fragte, ob dieses die Axt wäre, die er verloren hätte. Entzückt über das kostbare Metall antwortete er: „Ja," und ging, um sie begierig wegzunehmen. Aber der Gott, welcher diese abscheuliche Frechheit verabscheute, weigerte sich nicht nur, ihm diese zu geben, sondern wollte ihm nicht einmal seine eigne Axt wiedergeben.

38. Der Hund und die Aale.

Jemand hatte einen so verständigen Pudelhund, daß derselbe häufig fortgeschickt wurde, um Aufträge zu besorgen; man pflegte auf ein Stück Papier zu schreiben, was man brauchte (or wünschte), und nachdem man ihm einen Korb in das Maul gegeben hatte, ging er und besorgte pünktlich seinen Auftrag. Eines Tages wünschten die Diener (or Dienstboten) einen Spaß mit ihm zu haben, schrieben eine Bestellung für drei Pfund lebendiger Aale und schickten den armen Fidèle um sie zu holen, während einer der Diener in einiger Entfernung folgte. Die Aale wurden [in] den Korb gelegt, und der arme Hund trabte mit ihnen fort. Aber er war noch nicht weit gegangen, als er sah, daß einige davon über den Rand schlüpften; er stellte den Korb nieder, und indem er ihnen mit der Pfote einen leichten Schlag gab, machte er sie wieder hineingehen. Dann nahm er seine Ladung wieder auf und machte sich auf den Heimweg. In wenigen Augenblicken waren mehrere der Aale auf dem Pflaster, und der arme Fidèle, welcher anfing zornig zu werden, nahm sie in sein Maul, schüttelte sie tüchtig und legte sie wieder in den Korb, was kaum gethan war, als andre herausgekrochen waren. Endlich verlor er ganz die Geduld, stellte den Korb nieder, und indem er einen nach dem andern zwischen seine Zähne nahm, biß er sie (so lang), bis sie unfähig waren herauszukriechen; nach diesem trug er sie heim, aber von jenem Tag an wollte er nie wieder auf den Markt gehen.

39. Der Derwisch und der Atheist.

Die Atheisten sind jene lächerlichen und gottlosen Menschen, welche im Widerspruch mit dem Zeugnis ihrer Sinne vorgeben, nicht an das Dasein Gottes zu glauben.

Einer von ihnen stritt mit einem Derwisch und sagte zu ihm: „Sie sagen mir, daß Gott allgegenwärtig ist, und doch kann ich ihn nirgends sehen; zeigen Sie mir ihn, und ich werde es glauben. — Wieder sage ich, daß ein Mensch nicht wegen seiner Verbrechen durch Ihre Gesetze gestraft werden sollte, da Sie sagen, daß alles durch den Willen Gottes gethan wird (or geschieht). — Sie sagen auch, daß der Satan dadurch gestraft wird, daß er zum Höllenfeuer (or höllischen Feuer) verdammt ist; nun, da man sagt, er bestehe aus jenem Element, welchen Schaden kann das Feuer sich selbst thun?"

Der Derwisch, nach kurzem Nachdenken, hob einen großen Klumpen Erde auf, versetzte dem Atheisten einen heftigen Schlag damit und verließ ihn dann (or und dann verließ er ihn). Letzterer ging gleich zum Richter, beklagte sich über die Beleidigung und verlangte Gerechtigkeit. Der Derwisch wurde vorgeladen, um sich zu verantworten, warum er, anstatt dem Manne zu antworten, ihn geschlagen habe (or hätte). — „Was ich that," erwiderte der Derwisch, „geschah als Antwort auf seine lächerlichen Fragen. Worüber beklagt er sich? Er sagt, daß er einen Schmerz habe; er soll ihn zeigen, wenn er wünscht, daß wir ihm glauben. Er beschuldigt mich eines Verbrechens, und doch sagt er, daß ein Mensch nicht durch unsre Gesetze gestraft werden sollte, da alles, unsrer Lehre gemäß, unter der Leitung Gottes wäre; er beklagt sich, daß ich ihn beschädigt habe, dadurch, daß ich ihn mit einem Stück Erde schlug, und er behauptet (doch), daß ein Element sich selbst keinen Schaden zufügen kann. Worüber beklagt er sich denn?" Der Atheist war verlegen (or beschämt) und zog sich unter den Spöttereien (or unter dem Spott) seiner Zuhörer zurück.

Um von der Heuchelei solcher Ungläubigen überzeugt zu werden, sollten wir einen von ihnen auf dem Totenbette sehen; es würde für die andern eine Warnung sein.

40. Die Königin von Spanien hat keine Beine.

Als die deutsche Prinzessin Marie von Neuburg, welche die Gemahlin Philipps IV. (des Vierten) von Spanien wurde, auf ihrem Wege nach Madrid war, reiste (or kam) sie durch eine kleine Stadt in Spanien, die wegen ihrer Fabrikation von Handschuhen und Strümpfen berühmt war.

Die Bürger und Behörden dachten, daß sie ihre Freude über den Empfang der neuen Königin nicht besser ausdrücken könnten, als dadurch, daß sie ihr ein Muster jener Waren anbieten würden, für welche (or wegen deren) ihre Stadt berühmt war. Der Zeremonienmeister, welcher die Prinzessin führte (or begleitete), empfing die Handschuhe sehr gnädig, aber als die Strümpfe dargeboten wurden, warf er sie mit Unwillen weg und tadelte die Deputation strenge wegen ihrer Unanständigkeit.

„Wisset," sagte er, „daß die Königin von Spanien keine Beine hat."

Die junge Königin, welche mit der Etikette, den Sitten und den Vorurteilen des spanischen Hofes unbekannt war, bildete sich ein, daß man ihr wirklich die Beine abschneiden wollte. Sie brach in Thränen aus und bat, daß man sie nach Deutschland zurückführen möchte, da sie niemals eine solche Operation aushalten könnte, und es war schwer, sie zu besänftigen. Der König soll niemals herzlicher gelacht haben, als über die Erzählung dieses Abenteuers.

41. Der Wolf und das Lamm.

An einem heißen, schwülen Tage kamen zufällig ein Wolf und ein Lamm gerade zu gleicher Zeit an einen klaren Bach, um ihren Durst zu stillen (or zu löschen). Der Wolf stand weiter oben und das Lamm in einiger Entfernung stromabwärts. Da der Wolf jedoch Lust hatte, einen Streit mit ihm anzufangen, fragte er

es, warum es das Wasser trübe und es so schmutzig mache, daß
er es nicht trinken könne, und gleichzeitig verlangte er Genug=
thuung.

Das Lamm, welches über diese drohende Anklage erschrak,
sagte ihm in einem möglist milden Tone, daß es nicht begreifen
könnte, wie dieses möglich wäre, da das Wasser, welches es trinke,
von dem Wolf zu ihm herunterflösse und deshalb nicht so weit
stromaufwärts getrübt werden könnte.

„Sei dem wie ihm wolle," erwiderte der Wolf, „du bist ein
Schurke, und man hat mir gesagt, daß du mich ungefähr vor einem
halben Jahr hinter meinem Rücken verleumdet hast." „Auf mein
Wort," sagte das Lamm, „die Zeit, von der du sprichst, war, ehe
ich geboren war." „Das kann sein," erwiderte der Wolf, „aber
es war erst gestern, daß ich sah, wie dein Vater die Hunde hetzte,
welche mich verfolgten." „Verzeihe mir!" antwortete das Lamm,
„mein armer Vater fiel vor mehr als einem Monat dem Messer
des Metzgers zum Opfer." „Dann war es deine Mutter," er=
widerte das wilde Tier." „Meine Mutter," sagte das unschul=
dige Lamm, „starb an dem Tage, an welchem ich geboren wurde."
„Tot, oder nicht tot," tobte (or schrie) der Wolf, indem er vor
Wut die Zähne fletschte, „ich weiß sehr gut, daß eure ganze Brut
mich haßt, und deshalb bin ich entschlossen Rache zu nehmen." In=
dem er dies sagte, sprang er auf das arme, unschuldige, verteidigungs=
lose Ding, riß es in Stücke und verschlang es (or fraß es auf).

42. Ehrenhaftes Benehmen des Königs Johann von Frankreich.

Der Name Johann scheint nicht in Gunst gewesen zu sein,
weder in den königlichen Familien von Frankreich, noch von Eng=
land, da wir nur einen Monarchen dieses Namens in jedem dieser
Länder finden, wenn wir nicht den Johann rechnen, welcher nur
vier Tage in Frankreich regierte, vom 15. bis 19. November 1316.

Die Charaktere der zwei andren Johann waren einander sehr
entgegengesetzt. Johann von England war grausam, rachsüchtig,
raubsüchtig und feige, und während einer Regierung von siebzehn
Jahren war er beständig im Krieg mit seinen Unterthanen. Johann
von Frankreich, im Gegenteil, dessen Regierung beinahe ebenso
lang war (von 1350—1364), beschäftigte sich so sehr mit der
Wohlfahrt seines Volkes, daß er (sich) den Beinamen „der Gute"
erwarb.

Johann, nachdem er heldenmütig in der Schlacht von Poitiers
gefochten hatte, hatte das Unglück, von den Engländern zum Ge=
fangenen gemacht zu werden. Er wurde nach London geführt, wo
er blieb bis ein Vertrag unterzeichnet wurde, durch welchen er ein=
willigte, drei Millionen Gold-Kronen zu bezahlen als Lösegeld für
sich und die andren Gefangenen, und Gasconien, Calais, Guines
und verschiedene andre Plätze im Besitz der Engländer zu lassen.

Der König wurde dann in Freiheit gesetzt und kehrte nach Frankreich zurück, indem er die Herzöge von Anjou und Berry, seine Söhne, den Herzog von Orleans, seinen Bruder, und den Herzog von Bourbon, seinen Vetter, als Geiseln für die Zahlung des Lösegeldes zurückließ. Da sich einige Schwierigkeiten erhoben hatten in Betreff der Ausführung des Vertrags, erhielten die Prinzen auf ihr Ehrenwort die Erlaubnis, nach Calais hinüberzugehen, indem sie sagten, daß sie dort besser im Stande (or fähig) wären, die Streitigkeiten zu erklären und zu beendigen als in England. Der Herzog von Anjou brach jedoch sein Wort und floh nach Paris.

Johann, höchst aufgebracht über solchen Wortbruch, kehrte sogleich nach London zurück und lieferte sich selbst dem König Eduard von England als Gefangenen aus, indem er sagte: „Wenn die Ehre von jedem andern Ort verbannt ist, sollte sie in der Brust der Könige heilig bleiben."

Eduard wies dem Könige den Savoy=Palast zu seiner Residenz (or Wohnung an, aber er wurde bald von einer Krankheit befallen, welche in wenigen Wochen seinem Dasein ein Ende machte. Sein Leichnam wurde mit einem prächtigen Gefolge nach Frankreich gesandt und in der Abtei zu St. Denis begraben, welches der gewöhnliche Begräbnisplatz der französischen Monarchen ist, wie die Westminster Abtei und Windsor Castle es für die Könige von England sind.

43. Das Testament eines Hundes.

Ein Herr auf dem Lande besaß einen wertvollen Hund, der ihn zweimal vom Ertrinken gerettet und mehrere Male gegen Diebe geschützt hatte; er war folglich sehr anhänglich an ihn. Endlich wurde das arme Tier alt und starb, und der Herr, zum Andenken an seine Treue, begrub ihn am Ende seines Gartens, welcher nahe am (or beim) Kirchhofe war. Er ließ ihm auch ein Denkmal setzen (or errichten) mit einer Grabschrift in folgenden Worten: „Hier liegt einer, dessen Tugenden ihn des geweihten Bodens würdiger machen als viele, welche dort begraben sind."

Einige geschäftige Personen benachrichtigten gleich den Richter, indem sie den Herrn als einen Atheisten anzeigten. Der Richter schickte nach ihm (or ließ ihn rufen), warf ihm seine Gottlosigkeit vor und drohte, ihn vor dem geistlichen Gerichtshof anzuklagen. Der Herr fing an beunruhigt zu werden, aber er faßte sich und sagte zu dem Richter: „Mein Herr, Ihre Bemerkungen sind ganz richtig, und wenn mein Hund nicht beinahe (einen) menschlichen Verstand besessen hätte, so würde ich die Strafe verdienen, mit welcher Sie mir drohen. Es würde langweilig sein, Ihnen die Geschichte dieses treuen Geschöpfes zu erzählen, aber der letzte Akt seines Lebens wird Sie von seinem außerordentlichen Verstande überzeugen. Würden Sie es glauben, mein Herr, daß er ein Testament machte und unter andrem Ihnen hundert Pfund hinterlassen hat, welche ich Ihnen jetzt bringe!" „Wirklich," erwiderte der

Richter, „er war ein höchst merkwürdiger Hund, und Sie haben außerordentlich wohl daran gethan, seinen Überresten Ehre zu erweisen; es würde gut sein, wenn jedermann so gelebt hätte, daß er die Inschrift verdiente, die man auf seinem Grabe sieht.

44. Bauchrednerkunst.

Die Bauchrednerkunst ist die Kunst innerlich zu sprechen, ohne eine sichtbare Bewegung der Lippen oder der andren Sprachorgane, und die Stimme zu verstellen, so daß man sie als die einer andern Person erscheinen läßt, und als ob sie von einem andern Orte käme.

Vor einigen Jahren gab es in England einen Mann, Namens Hoskins, welcher diese Kunst in einem sehr hohen Grade besaß und sich durch ihre Hilfe häufig auf (Un)kosten andrer belustigte. Er reiste einmal zu Fuß auf dem Lande und holte auf dem Wege einen Fuhrmann ein, welcher einen Wagen mit einer Ladung Heu führte (or fuhr). Nachdem er einige Zeit gegangen war und mit dem Landmann gesprochen hatte, ahmte Hoskins das Schreien eines Kindes nach. Da kein Kind zu sehen war, schien der Fuhrmann überrascht und fragte Hoskins, ob er es nicht gehört habe; er antwortete, Ja, und beinahe in dem nämlichen Augenblick wurde der Schrei wiederholt. Derselbe schien dieses Mal aus dem Heu in dem Karren heraus zu kommen, und der Bauchredner bestand darauf, daß der Fuhrmann ein Kind dort versteckt habe.

Der arme Kerl (or Mann), der erstaunt und erschreckt war, hielt seine Pferde an und lud den Wagen Bündel für Bündel ab. Es wurde jedoch kein Kind gefunden, und er lud es (das Heu) wieder auf (or und er belud ihn wieder), was er kaum gethan hatte, als das Schreien wieder deutlich gehört wurde. Der Landmann, außer Fassung gebracht, ergriff sogleich die Flucht, lief ins nächste Dorf und sagte den Dorfbewohnern, daß er dem Teufel auf dem Wege begegnet sei, und bat sie, mit ihm zu gehen und ihm beizustehen, um seinen Wagen und seine Pferde wieder zu bekommen, welche er in seinen Klauen gelassen hätte. Die Bauern machten sich sogleich auf den Weg, mit Mistgabeln und Dreschflegeln bewaffnet, und kamen bald in Sicht des vermeintlichen Teufels, welcher nicht davonlaufen konnte, da er ein hölzernes Bein hatte. Nach einiger Schwierigkeit beredete er sie, ihn nahe kommen zu lassen, um sie zu überzeugen, daß er wirklich ein menschliches Wesen war.

Sie waren lange Zeit ungläubig, und die Versuche, welche er von seiner Kunst machte, verstärkten ihren Glauben an seine teuflische Wissenschaft. Endlich, zum Glücke für Hoskins, kam der Dorfpfarrer und erklärte die Sache zu der Befriedigung der Bauern, welche dann einwilligten, den Bauchredner nach dem nächsten Wirtshause zu begleiten, wo er sie mit Bier und Abendbrot bewirtete. Bald nach diesem wurde Hoskins bei mehreren Londoner Theatern engagiert, wo er seine Kunst zum Erstaunen der Menge ausübte, da die Bauchrednerkunst zu jener Zeit beinahe noch unbekannt war, besonders in den Provinzen.

45. Der Page und die Kirschen.

Als ein Körbchen voll schöner Kirschen dem König Friedrich von Preußen geschickt worden war, zu einer Zeit, wo diese Frucht außerordentlich selten war, schickte er sie durch einen seiner Pagen der Königin. Der Page, verführt durch die Schönheit der Kirschen, konnte nicht widerstehen einige zu versuchen, und da er sie köstlich fand, verschlang er das Ganze ohne über die Folgen nachzudenken.

Einige Tage nachher fragte Friedrich die Königin, wie ihr die Kirschen geschmeckt hätten? — „Kirschen!" sagte Ihre Majestät, „was für Kirschen?" — „Ei, hat Ihnen der Page Clist nicht neulich ein Körbchen gebracht?" — „Nein", antwortete die Königin, „ich habe keine gesehen." — „Oh!" sagte Seine Majestät, „ich will dem naschhaften Schelm etwas Saftigeres geben;" dann ging er in sein Kabinet und schrieb das folgende Billet an den Offizier der königlichen Hauptwache: „Geben Sie dem Überbringer fünfundzwanzig Streiche, und lassen Sie sich eine Quittung dafür geben." Dann rief er Clist und sagte ihm, er solle das Billet nach der Hauptwache tragen und auf eine Antwort warten.

Der Page jedoch, welcher fürchtete, daß nicht alles richtig wäre (ein schuldiges Gewissen bedarf keines Anklägers), entschloß sich, das Billet durch eine andre Hand zu schicken, und gerade als er hinausging, begegnete er am Thore des Palastes einem jüdischen Bankier, welcher am Hofe wohlbekannt war, und (er) bat ihn, das Billet zu besorgen (or hinzutragen). Der Jude, der froh war, eine Gelegenheit zu haben, jemand in dem Palast gefällig zu sein, machte sich sogleich auf den Weg. Bei seiner Ankunft auf der Hauptwache las der Offizier das Billet, sagte dem Boten, daß er warten solle, und rief die Wache heraus. Der Jude, in der Meinung, es geschähe ihm zu Ehren, als einem Boten vom Hofe, bat den Offizier, sich keine unnötige Mühe zu machen. — Ich thue es nicht, erwiderte er, diese Ceremonien sind ganz nötig, wie Sie finden werden. Er befahl dann der Wache, den Juden zu ergreifen und ihm fünfundzwanzig Streiche zu geben, was sogleich gethan wurde. Der Jude, mit verletztem Ehrgefühl und mit einem blau geschlagenen Rücken, wollte weggehen, aber der Offizier sagte ihm, er könnte ihn nicht fortgehen lassen, bis er ihm eine schriftliche Bescheinigung über das gegeben hätte, was er erhalten habe. Der Jude war genötigt nachzugeben, aus Furcht, noch eine Rechnung bezahlen zu müssen.

Die Sache erreichte bald die Ohren des Königs, welcher, obschon er sich nicht enthalten konnte, herzlich über das Abenteuer zu lachen, genötigt war, dem Helden desselben einige Gunstbezeigungen zu erweisen, da ihm die Juden häufig im Notfall beträchtliche Summen Geld vorschossen.

46. Der Bummler.

Die folgende Geschichte über Franklins Art, Bummler (or Müßiggänger) zu behandeln, verdient gelegentlich in Anwendung

gebracht zu werden, sogar in diesem Zeitalter und in dieser Ge=
neration. — Eines Morgens, während Franklin seine Zeitung für
die Presse vorbereitete, trat ein Bummler in den Laden und brachte
eine Stunde oder mehr damit zu, daß er die Bücher durchblätterte
u. s. w., und endlich, indem er eines in seine Hand nahm, fragte
er den Ladenjungen nach dem Preis. „Ein Dollar," war die Ant=
wort. „Ein Dollar?" sagte der Müßiggänger, „können Sie es
nicht billiger als das geben?" — „Nein, wirklich; ein Dollar ist
der Preis." Noch eine Stunde war beinahe vergangen, als der
Bummler fragte: „Ist Mr. Franklin zu Hause?" — „Ja, er ist
in der Druckerei." — „Ich wünsche ihn zu sehen," sagte der Bumm=
ler. Der Ladenjunge teilte Mr. Franklin sogleich mit, daß ein Herr
in dem Laden wartete, um ihn zu sehen (or zu sprechen).
Franklin war bald hinter dem Ladentische, als der Bummler
mit dem Buch in der Hand ihn also anredete: „Herr Franklin,
welches ist der niedrigste Preis, den Sie für dieses Buch nehmen
können?" — „Ein und ein viertel Dollar," war die schnelle Ant=
wort. „Ein und ein viertel Dollar! Ei, Ihr junger Mann ver=
langte nur einen Dollar." — „Wahr," sagte Franklin, „und ich
hätte damals lieber nur einen Thaler genommen, als aus der
Druckerei gerufen zu werden." Der Bummler schien überrascht,
und da er wünschte, eine von ihm selbst veranlaßte Unterredung zu
enden, sagte er: „Nun wohlan, Herr Franklin, sagen Sie mir, was
ist der niedrigste Preis, für den Sie es ablassen können?" „Einen
und einen halben Dollar!" „Ei, Sie boten es selbst für einen und
einen viertel Dollar an." — „Ja," sagte Franklin, „und ich hätte
damals lieber nur jenen Preis genommen, als jetzt einen und einen
halben Dollar." Der Bummler bezahlte den Preis und ging an
sein Geschäft, im Fall er eines hatte, und Franklin kehrte in die
Druckerei zurück.

47. Grausamkeit des Königs Johann.

Die Juden sind seit ihrer Zerstreuung häufig von christlichen
Königen mit Grausamkeit behandelt worden. Als (da) König Johann
von England sehr notwendig Geld brauchte und wußte, daß viele
Juden seines Königreiches sehr reich waren, besteuerte er sie sehr
hoch und ließ sie ins Gefängnis werfen, wo sie bleiben mußten,
bis sie bezahlen wollten. Mehrere von ihnen gaben alles was sie
besaßen, aber der König war nicht zufrieden, indem er glaubte, daß
sie noch Geld versteckt hätten. Deshalb befahl er, daß sie gemartert
werden sollten, bis sie es gestehen würden.

Einige wurden eines Auges beraubt, und einer insbesondere,
von welchem eine Summe von zehntausend Mark verlangt wurde,
wurde mit noch größerer Grausamkeit behandelt. Der König be=
fahl, daß ihm jeden Tag ein Zahn ausgezogen werden sollte, bis
er das Geld bezahlte. Der Jude, der nicht geneigt war sich in
Armut zu stürzen, widerstand während einer ganzen Woche und

verlor auf diese Weise sieben seiner Zähne; aber unfähig, den
Schmerz noch länger zu ertragen, willigte er am achten Tage ein
und behielt so den Rest seiner Zähne auf Kosten seines Ver=
mögens. Im andern Falle würde er alle seine Zähne verloren haben.
Zum Glück für dieses Volk leben sie jetzt in einem weniger bar=
barischen Zeitalter. Keiner braucht Strafe zu (be)fürchten, wenn
er sie nicht verdient hat.

48. Wirklicher oder innerer Wert.

Eine Dame, welche mehr Geld als Verstand hatte, zeigte sehr
gerne, wann sie auf dem Lande war, ihre Juwelen und andren
Putz (or Kostbarkeiten), um die Bauern in Erstaunen zu setzen und
ihnen einen Begriff von ihren Reichtümern und ihrer Überlegenheit
zu geben. Eines Tages drückte ein Müller, welcher Mehl in das
Haus brachte, seine Bewunderung aus über eine elegante Uhr,
welche sie trug, und dies schmeichelte ihrem Stolz so sehr, daß sie
ihm ein prächtiges, diamantenes Halsband und diamantene Arm=
ringe zeigte.

Der Müller, nachdem er sie einige Zeit mit Bewunderung
angesehen hatte, sagte: „Sie sind sehr schön und gewiß sehr teuer."
— „In der That, sie sind sehr teuer; wieviel glauben Sie, daß
sie kosten?" — „Auf mein Wort, ich kann es nicht erraten," er=
widerte er. — „Ei, sie kosten mehr als 20,000 Franken." —
„Und was ist der Zweck dieser Steine, Madame?" — „Oh, sie sind
nur zum Tragen." — „Und tragen sie Ihnen nichts ein, Madame?"
— „Oh, nein." — „Dann," erwiderte der Müller, „ziehe ich die
zwei großen Steine meiner Mühle vor; sie kosten mich tausend
Franken und tragen mir jährlich vierhundert Franken ein, und
außerdem fürchte ich nicht, daß jemand sie stehlen wird." — Die
Dame entsetzte sich über die Gemeinheit seiner Begriffe (or Gedan=
ken), und der Müller war erstaunt, daß jemand soviel Geld müßig
liegen lassen könnte, in solch' nutzlosem Tand.

49. Eine sehr seltsame Ausrede.

Ein Irländer, welcher angeklagt war eine Flinte gestohlen zu
haben, wurde ergriffen und vor Gericht geführt. Am Gerichtstage
dachte er darüber nach, welche Verteidigung er vor den Richtern
machen sollte, als er einen Mitgefangenen vom Gerichte zurückkehren
sah, welcher abgeurteilt worden war, weil er eine Gans gestohlen
hatte. — „Nun," sagte der Irländer, „wie bist du davongekom=
men?" — „Oh," erwiderte der andre, „ich bin freigesprochen." —
„Welche Verteidigung hast du vorgebracht?" — „Ei, ich sagte dem
Richter, daß ich die Gans aufgezogen habe von der Zeit an, wo
sie ein Gänschen war, und daß ich Zeugen hätte, um es zu be=
weisen." — „Sehr gut, in der That," sagte Paddy, der in diesem
Augenblick vor Gericht gerufen wurde, um gerichtet zu werden;
„warte ein Bischen auf mich, ich werde bald freigesprochen sein."

Er wurde dann vor die Schranke geführt, die Anklage wurde gelesen, und der Richter fragte ihn, was er zu seiner Verteidigung zu sagen hätte. — „Mylord," erwiderte der Irländer, „ich habe diese Flinte aufgezogen, seit sie eine Pistole war, und ich kann Zeugen bringen, um es zu beweisen." — Der Richter jedoch und die Geschworenen waren nicht leichtgläubig genug, und der arme Paddy wurde verurteilt, transportiert zu werden.

50. Wie man einen Taschendieb fängt.

Ein Kaufmann in London, welcher viel in die City zu gehen pflegte, deren Straßen immer sehr gedrängt und durch Taschendiebe unsicher gemacht sind, verlor beständig entweder sein Taschenbuch, oder seine Tabaksdose, oder seinen Geldbeutel, ohne daß er je den Dieb entdecken konnte. Endlich dachte er an ein sehr sinnreiches Mittel, welches Erfolg versprach. Er ging in einen Fischzeugladen und kaufte einige starke Fischangeln, welche er fest in seine Tasche nähen ließ, die Spitzen abwärts gekehrt, so daß jedermann seine Hand in die Tasche stecken, sie aber nicht herausziehen konnte ohne gefangen zu werden.

So vorbereitet ging er wie gewöhnlich auf die Börse, indem er einen seiner Gehilfen ihm in kurzer Entfernung folgen hieß, um bereit zu sein, im Falle er den Fisch fangen sollte. Als er die Lombardstraße hinaufging, fühlte er ein leichtes Zupfen an seinem Rocke und wollte sogleich davoneilen, wurde aber durch etwas verhindert, das ihn zurückhielt. Er drehte sich um und sah den Taschendieb und sagte: „Warum halten Sie meinen Rock, mein Herr? lassen Sie mich gehen, ich habe große Eile." Zugleich versuchte er, ihm den Rockschoß wegzureißen, was die Angeln weiter in seine Hand trieb, und jener schrie: „Oh, oh, mein Herr, ich kann nicht, Sie reißen meine Hand in Stücke; bitte, lassen Sie mich gehen." — „Ah, ah," sagte der Kaufmann, „ich habe also den Fisch gefangen, welcher so häufig angebissen hat; Sie sind der Hecht oder vielmehr der Haifisch."

Um diese Zeit war der Gehilfe herbeigekommen, und eine um sie versammelte Menge lachte herzlich über den Fischer und den Fisch, dessen Hand so fest eingehakt war, daß er genötigt war, mit dem Kaufmann zu einem Wundarzt zu gehen und das Fleisch aufschneiden zu lassen, um die Angeln herauszubringen. Der Herr war befriedigt mit dem Streiche und sandte den Taschendieb nicht ins Gefängnis; aber nachher konnte er sicher durch die City gehen, mit seinem Taschenbuch, seinem Geldbeutel oder seiner Tabaksdose.

51. Eine seltsame Vorsicht.

Zwei junge Leute begaben sich zusammen auf eine lange Reise; einer von ihnen war ein großer Verschwender, da aber der andre sehr sparsam war, wurde zum Vorteil beider ausgemacht, daß der letztere den Beutel führen sollte. Der Verschwender fand sich bald in Verlegenheit, da er wünschte, alle Sehenswürdigkeiten zu kaufen, welche er sah, und kein Geld hatte es zu thun. Sie schliefen beide im nämlichen Zimmer, und in einer Nacht, nachdem sie einige Zeit im Bette gewesen waren, rief der verschwenderische seinen Freund und sagte: „Wilhelm, Wilhelm!" — aber Wilhelm antwortete nicht, bis er ihn sehr laut rufen hörte, und da er fürchtete, daß er die Leute des Hauses stören möchte, sagte er: „Nun, was willst du?" — „Schläfst du?" sagte der andre." — „Warum?" sagte Wilhelm. — „Weil ich, wenn du nicht schläfst, ein Pfund Sterling von dir leihen möchte." — „Oh, ich schlafe fest," erwiderte er, „und (zwar) schon lange (or einige Zeit)."

Da er Wilhelm unerbittlich fand, stand der andre häufig in der Nacht auf und suchte im Zimmer herum nach seinem Beutel, aber er konnte ihn niemals finden. Endlich kamen sie am Ziele ihrer Reise an, welche durch Wilhelms Sparsamkeit nur sehr wenig gekostet hatte; sein Begleiter war sehr erfreut, da er wohl wußte, daß sie, wenn er den Beutel geführt hätte, viel kostspieliger gewesen sein würde. Er sagte dann zu Wilhelm: „Sage mir jetzt, da keine Gefahr mehr vorhanden ist, wo du das Geld jede Nacht verstecktest, denn ich gestehe frei, daß ich oft versucht habe, es zu finden." — „Ich erwartete das," sagte Wilhelm, „und deshalb wartete ich immer, bis du im Bett warst, und nachdem ich das Licht ausgelöscht hatte, versteckte ich den Beutel in deiner eignen Tasche, da ich wußte, daß du ihn dort nicht suchen würdest, und gab acht, des Morgens aufzustehen, ehe du auf warst."

Der junge Mann gestand, daß er mit dem Streich zufrieden war, welchen ihm sein Begleiter gespielt hatte; aber er sagte ihm, daß es künftig nötig sein würde, ein andres Versteck zu finden.

52. Dankbarkeit.

Der Polizei=Kommissär des Kalifen Manoun erzählte einem seiner Freunde die folgende Geschichte von einem Ereignisse, welches ihm selbst passiert (or vorgekommen) war.

„Ich war eines Abends," sagte er, „bei dem Kalifen, als ein Briefchen gebracht wurde, welches ihn sehr zu erzürnen schien. Nachdem er es gelesen hatte, sagte er zu mir: „Gehen Sie ins nächste Zimmer, Sie werden einen Gefangenen finden; bewahren Sie ihn heute Nacht in sicherer Haft, verhören Sie ihn und bringen Sie ihn morgen früh vor mich, sonst bürgen Sie mit Ihrem Kopfe dafür." — Ich führte den Mann in meine eigne Wohnung und fragte ihn nach seiner Heimat. — „Ich bin," erwiderte er, „aus (or von) Damaskus." — „Wirklich," sagte ich, „jene Stadt ist mir teuer, denn ich verdanke einem ihrer Bewohner mein Leben." — „Ihre Geschichte," erwiderte er, „muß interessant sein, wollen Sie mir dieselbe erzählen?" — „Ja," sagte ich; „sie ist wie folgt:"

„Als ich einst in Damaskus war, hatte ich das Unglück, dem Kalifen zu mißfallen, und wurde von den Gerichtsbeamten verfolgt. Ich entkam durch ein Hinterfenster und suchte Zuflucht in einem andern Teile der Stadt, wo ein Bürger mich mit Güte aufnahm und auf Gefahr seines Lebens in seinem Hause versteckte, bis die Verfolgung vorüber war; dann versah er mich mit Geld und mit einem Pferde, um mich instandzusetzen zu einer Karawane zu stoßen, welche nach Bagdad, meiner Vaterstadt, ging. Nie werde ich seine Güte vergessen, und ich hoffe, vor meinem Tode noch eine Gelegenheit zu finden, ihm meine Dankbarkeit zu beweisen."

„Diese Gelegenheit bietet sich Ihnen in diesem Augenblick," sagte mein Gefangener. „Ich bin der Mann, welcher das Vergnügen hatte, Ihnen jenen Dienst zu erweisen." — Er erzählte mir dann einige Umstände, welche mich überzeugten, daß er mein Beschützer gewesen war. Ich fragte ihn, durch welches Unglück er den Unwillen des Kalifen erregt habe. — „Ich habe," erwiderte er, „das Mißgeschick gehabt, einen Offizier zu beleidigen, der bei Hof großen Einfluß hat, und er, um sich zu rächen, hat mich angeklagt, daß ich dem Kalifen nach dem Leben trachte(te), wofür ich, obgleich unschuldig, ohne Zweifel mit meinem Kopfe bezahlen werde."

53. Fortsetzung.

„Nein, edelmütiger Freund," sagte ich, „Sie sollen nicht geopfert werden; Sie sind in Freiheit. Nehmen Sie diesen Beutel und kehren Sie zu Ihrer Familie zurück, und ich werde dem Kalifen antworten (Rede stehen)." — „Halten Sie mich denn für fähig," sagte er, „Ihr Leben zu opfern, welches ich einst gerettet (or erhalten) habe? Nein, die einzige Gunst, welche ich annehmen will, ist, daß Sie versuchen (werden), den Kalifen von meiner Unschuld zu überzeugen. Wenn es Ihnen mißlingt, werde ich gehen und ihm meinen Kopf anbieten, denn ich will nicht entfliehen und Sie in Gefahr (zurück)lassen."

„Ich ging sogleich zum Kalifen, welcher, sobald er mich sah, meinen Gefangenen forderte und nach dem Henker schickte. — „Gnädiger Herr," sagte ich, „ein außerordentlicher Umstand hat sich in Bezug auf ihn (or in Betreff seiner) ereignet." — „Ich schwöre," rief er, „wenn Sie ihn haben entkommen lassen, soll Ihr Kopf mir dafür bezahlen (or büßen)." — Mit großer Mühe (or Schwierigkeit) überredete ich ihn mir zuzuhören, und dann erzählte ich, wie mein Gefangener mir in Damaskus das Leben gerettet hätte, daß ich ihm seine Freiheit angeboten hätte, als ein Zeichen meiner Dankbarkeit, und daß er sie nicht annehmen wollte, aus Furcht, mich seinem (des Kalifen) Unwillen auszusetzen. „Gnädiger Herr," fügte ich hinzu, „es ist unwahrscheinlich, daß ein Mann von so großmütigen Gefühlen (or Gesinnungen) des Verbrechens fähig sein sollte, welches ihm zugerechnet wird; geruhen Sie also, die Beweise davon zu verlangen, ehe Sie ihn verurteilen."

„Der Kalife drückte seine Bewunderung aus über das Be=
nehmen meines Freundes; es wurde eine strenge Untersuchung an=
gestellt, und er wurde unschuldig befunden; der Ankläger wurde
enthauptet und mein Freund an seinen Platz ernannt (or angestellt),
welchen er mit Ehren bekleidete bis an den Tag seines Todes."

54. Adeliges Blut. Eine gute Lehre für den Stolz.

Ein sehr guter König, welcher seine Unterthanen liebte, und
dessen beständige Sorge es war, sie glücklich zu machen und ihnen
zu zeigen, daß er sie als seine Familie betrachte, hatte einen Sohn,
dessen Gemütsart der seines Vaters so entgegengesetzt war, daß
er alle die verachtete, welche unter seinem Rang waren, indem er
sich selbst für ein höheres Geschöpf hielt und glaubte, daß alle die=
jenigen, welche das Schicksal unter ihn gestellt hatte, seiner Beach=
tung unwürdig wären, oder nur geeignet, die Sklaven seines Willens
zu sein. Unglücklicherweise war seine Erziehung Männern anver=
traut worden, welche nicht hinreichend Mut besaßen (or hatten),
seinen ungestümen und hochmütigen Sinn zu bessern, und der gute
König, sein Vater, sah ihn in das Alter der Mannbarkeit kommen,
im Besitz eines Charakters und von Meinungen, welche, wenn er
je an die Regierung kam (or käme), seine getreuen Unterthanen in
Feinde verwandeln und seinen Thron zu einem Sitz von Dornen
statt von Rosen machen würden.

Endlich heiratete der Prinz eine fremde Prinzessin und wurde
Vater; und der König, auf den Rat eines seiner treuen Hofleute,
hielt dies für eine günstige Gelegenheit, ihm eine gute Lehre über
den Geburtsadel zu geben. Zu diesem Zweck wurde an dem
Morgen, nachdem sein Kind geboren war, ein andres Kind von
dem gleichen Alter, welches genau in derselben Weise gekleidet war,
neben jenem in die Wiege gelegt.

Beim Aufstehen ging der Prinz sogleich, um seinen kleinen
Sohn zu sehen, aber wie groß war seine Überraschung, als er zwei
Kinder fand, die einander so sehr glichen, daß er sein eignes nicht
unterscheiden konnte! Er rief die Dienerschaft, und als er sie in
gleicher Verlegenheit sah, ließ er seinem Zorn freien Lauf, indem
er schwor, daß sie alle entlassen und streng gestraft werden sollten.

55. Fortsetzung.

Der König, sein Vater, kam im nämlichen Augenblicke (herein),
und als er die Klagen des Prinzen hörte, sagte er lächelnd zu ihm:
„Wie ist es möglich, daß Sie sich irren und Ihr eignes Kind
nicht erkennen sollten? Gibt es noch eines von solch edlem Blute?
Kann irgend ein andres Kind ihm gleichen, so daß es Sie täuscht?
Wo ist dann Ihre natürliche Überlegenheit?" — Dann nahm er
den kleinen Prinzen in seine Arme und sagte: „Dies, mein Sohn,
ist Ihr Kind, aber ich würde nicht fähig gewesen sein, ihn von dem
andern unschuldigen Kleinen zu unterscheiden, wenn nicht Vorsichts=

maßregeln getroffen worden wären dadurch, daß man ihm ein Band um das Bein band: in was also, frage ich Sie wieder, besteht unsre Überlegenheit? Sie kommt nur vom guten Betragen und vom Glück.

Der Prinz errötete, gestand sein Unrecht und versprach, sich menschenfreundlicherer Gefühle zu befleißigen, aber der König, welcher fürchtete, daß er zurückfallen möchte, ergriff eine Gelegenheit, um ihm noch eine gute Lehre zu geben. Kurze Zeit nachher wurde der Prinz unwohl, und der Doktor riet ihm, daß er sich zur Ader lassen sollte, und da er einem der Pagen am nämlichen Tage zur Ader zu lassen hatte, befahl der König, daß man das Blut in getrennten Schüsseln aufbewahren sollte. Einige Stunden nachher, als sein Sohn bei ihm war, schickte der König nach dem Arzt, und nachdem er die zwei Schüsseln hatte bringen lassen, befahl er ihm, das Blut zu untersuchen und ihm zu sagen, welches das reinste wäre. Der Doktor zeigte auf eine der Schüsseln und sagte: „Dieses ist weit reiner als das andre." — „Jenes Blut," sagte der König zu seinem Sohne, „wurde von den Adern Ihres Pagen genommen, und ist, wie es scheint, weit reiner als das Ihrige, weil er ohne Zweifel einfacher und naturgemäßer lebt: Sie sehen also, daß von Geburt alle Menschen gleich sind; sie erlangen Überlegenheit in dem Maße, als sie ihren Geist ausbilden und sich der Menschheit nützlich machen."

56. Die geheimnisvollen Engländer.

Im Jahre 1767 landeten zwei Engländer in Calais; sie gingen nicht nach dem Hotel Dessin, welches zu jener Zeit von ihren Landsleuten stark besucht war, sondern nahmen ihre Wohnung in einem wenig bekannten Wirtshause, welches von einem Mann Namens Dulong gehalten (or betrieben) wurde. Der Wirt erwartete jeden Tag, daß sie nach Paris abreisen würden, aber sie machten keine Vorbereitungen zur Abreise und fragten nicht einmal, was in Calais sehenswürdig wäre. Das einzige Vergnügen, welches sie sich verschafften, war, daß sie einigemal auf die Jagd gingen.

Der Wirt fing nach einigen Wochen an, sich über ihren Aufenthalt zu wundern, und pflegte abends mit seinem Nachbar, dem Krämer, über diesen Gegenstand zu plaudern. Bald entschieden sie, daß jene Spione wären, bald hatte man sie im Verdacht, daß sie Ausreißer wären. Sie lebten jedoch gut und bezahlten so freigebig, daß man endlich schloß, daß sie Narren wären. Dies wurde in der Meinung des Herrn Dulong bestätigt durch einen Vorschlag, welchen sie ihm bald nachher machten.

Sie riefen ihn in ihr Zimmer und sagten: Herr Wirt, wir sind sehr zufrieden mit Ihrem Tisch und Ihrem Wein und, wenn uns die Wohnung paßte, würden wir wahrscheinlich noch längere Zeit bei Ihnen bleiben; aber unglücklicherweise gehen alle Ihre

Zimmer auf die Straße, und das Knallen der Postillions-Peitschen und das Geräusch der Wagen stören uns sehr.

57. Fortsetzung.

Herr Dulong fing an unruhig zu werden und sagte, wenn es möglich wäre irgendwelche Einrichtungen zu treffen, um es ihnen behaglicher zu machen, so würde er es gerne thun. — „Gut also", sagte einer von ihnen, „wir haben einen Vorschlag zu machen, der vorteilhaft für Sie sein wird; es wird (einiges) Geld kosten, es ist wahr, aber wir werden die Hälfte der Kosten tragen, und unser Aufenthalt wird Ihnen eine Gelegenheit geben, sich wieder bezahlt zu machen." „Gut," sagte der Wirt, „was ist es?" — „Ei," sagten die Engländer, „Ihr Garten ist sehr stille, und wenn Sie eine Mauer in der Ecke aufführen (lassen) wollen, können Sie uns leicht zwei Zimmer machen, was (welches) alles ist, was wir brauchen; die Kosten werden nicht groß sein, da die alte Mauer, die dort ist, zwei Seiten bilden wird, und Ihr Haus wird um soviel mehr wert sein."

Dulong war froh, ein so leichtes Mittel zu finden, solche vorteilhafte Gäste zu behalten: die Zimmer wurden errichtet, die Engländer nahmen Besitz davon und schienen sehr behaglich zu sein; sie lebten in ihrer gewöhnlichen Weise zum großen Vergnügen und Gewinn des Wirts, obgleich er in Verlegenheit war sich einzubilden (sich zu denken), warum sie sich in eine so dunkle Ecke abschließen sollten.

So vergingen ungefähr zwei Monate, als sie ihm eines Tages sagten, daß sie im Begriffe seien, einen Jagdausflug zu machen, und daß sie, da sie wahrscheinlich drei Tage abwesend sein würden, reichlichen Schießbedarf mit sich nehmen wollten. Am nächsten Morgen machten sie sich auf den Weg mit ihren Flinten auf der Schulter und ihren schwerbeladenen Jagdtaschen, indem der Wirt ihnen eine gute Jagd wünschte. Sie sagten ihm, daß sie einige Papiere im Zimmer gelassen und deshalb den Schlüssel mit (sich) genommen hätten.

Die drei Tage vergingen, und so auch der vierte, fünfte, sechste und siebente, ohne daß die Fremden zurückkehrten. Herr Dulong wurde zuerst unruhig, dann argwöhnisch, und endlich am achten Tage schickte er nach den Polizei-Beamten, und die Thüre wurde in Gegenwart der nötigen Zeugen aufgebrochen. Auf dem Tische fand man das folgende Billet:

58. Fortsetzung.

„Lieber Wirt, — Sie wissen ohne Zweifel, daß Ihre Stadt Calais während zweihundert Jahren im Besitz der Engländer war, daß sie endlich von dem Herzog von Guise wieder genommen wurde, welcher die englischen Einwohner so behandelte, wie unser Edward der Dritte die Franzosen behandelt hatte, das heißt, er nahm

Besitz von ihrem Vermögen und jagte sie fort. Vor kurzer Zeit entdeckten wir unter einigen alten Familienpapieren einige Urkunden von einem unsrer Vorfahren, welcher ein Haus in Calais besaß, wo das Ihrige jetzt steht. Von diesen Urkunden erfuhren wir, daß er bei der Wieder-Einnahme von Calais genötigt war zu fliehen, aber in der Hoffnung, daß er fähig sein würde zurückzukehren, begrub er eine beträchtliche Summe Geldes dicht an einer Mauer in diesem Garten; das Papier enthielt auch eine solche genaue Beschreibung der Stelle, daß wir nicht (daran) zweifelten, daß wir im stande sein würden dieselbe zu entdecken. Wir kamen sogleich nach Calais, und indem wir Ihr Haus auf dem bezeichneten Platze fanden, nahmen wir Wohnung darin."

"Wir waren bald überzeugt, daß der Schatz in der Ecke Ihres Gartens begraben war; aber wie sollten wir darnach graben, ohne gesehen zu werden? Wir fanden ein Mittel; es war die Errichtung (or der Bau) der Wohnung. Sobald sie vollendet war, gruben wir die Erde auf und fanden unsern Gegenstand in der Kiste, die wir Ihnen zurückgelassen haben. Wir wünschen Ihnen Glück in Ihrem Hause, aber wir raten Ihnen, bessern Wein zu geben und billiger in Ihren Preisen zu sein."

Der arme Dulong war stumm vor Erstaunen; er blickte seinen Nachbar, den Gewürzkrämer, an, und dann die leere Kiste, dann zuckten beide die Achseln und gestanden, daß die Engländer nicht ganz solche Narren waren, wie sie geglaubt hatten.

Urteile nicht über jemandes Handlungen, ohne die Beweggründe zu kennen.

59. Das verlorene Kamel.

Ein Derwisch reiste allein in der Wüste, als er plötzlich zwei Kaufleuten begegnete. "Sie haben ein Kamel verloren?" sagte er zu den Kaufleuten. "Ja, wirklich," erwiderten sie. "War es nicht blind an seinem rechten Auge und lahm an seinem linken Bein (or Fuße)?" fragte der Derwisch. "Es war so," erwiderten die Kaufleute. "Hatte es einen Vorderzahn verloren?" sagte der Derwisch. "Jawohl (or es hatte einen verloren)", versetzten die Kaufleute. "Und war es nicht auf der einen Seite mit Honig und auf der andern mit Waizen beladen?" "Gewiß war es," versetzten sie, "und da Sie es vor so kurzer Zeit gesehen und es so genau beobachtet haben, können Sie uns in aller Wahrscheinlichkeit zu ihm führen." — "Meine Freunde," sagte der Derwisch, "ich habe Ihr Kamel nie gesehen, noch jemals von ihm gehört, mit Ausnahme von Ihnen selbst." — "Eine hübsche Geschichte, wirklich!" sagten die Kaufleute; aber wo sind die Juwelen, welche einen Teil seiner Ladung bildeten (or ausmachten)?" — "Ich habe weder Ihr Kamel, noch Ihre Juwelen gesehen," erwiderte der Derwisch. Auf dieses ergriffen sie ihn und führten ihn geradeswegs vor den Richter, wo, trotz (or bei) der strengsten Durchsuchung, nichts bei ihm ge-

funden werden konnte; auch konnte durchaus kein Beweis gegen
ihn beigebracht werden, um ihn entweder der Lüge, oder des Dieb=
stahls zu überführen.

Sie waren dann im Begriff, gegen ihn als einen Zauberer
vorzugehen (or zu verfahren), als der Derwisch mit großer Ruhe
das Gericht (or den Richter) so anredete: „Ihr Erstaunen hat mich
sehr belustigt, und ich gestehe, daß es einigen Grund für Ihren
Verdacht gibt; aber ich habe lang und allein gelebt, und ich kann
weiten Spielraum zu Beobachtungen finden, sogar in einer Wüste.
Ich wußte, daß ich die Spur eines Kamels überschritten hatte,
welches sich von seinem Eigentümer verirrt hatte, weil ich auf dem
nämlichen Wege kein Zeichen von menschlichen Fußtritten sah; ich
wußte, daß das Tier an einem Auge blind war, weil es das Gras
nur an einer Seite des Pfades abweidete, und ich bemerkte, daß
es an einem Beine lahm war an dem schwachen Eindruck, welchen
jener besondere Fuß auf dem Sande hervorgebracht hatte; ich schloß,
daß das Tier einen Zahn verloren hatte, weil, (überall) wo es
gegrast hatte, ein schmaler Büschel Gras unberührt übrig gelassen
war, im Mittelpunkt seines Bisses. Was die Ladung des Tieres
betrifft (or anbelangt), so belehrten mich die geschäftigen Ameisen,
daß sie Korn auf der einen Seite, und die klebrigen Fliegen, daß
sie Honig auf der andren war.

60. Die Pfeife.
Eine wahre Geschichte, geschrieben für seinen Neffen von Dr. Franklin.

Als ich ein Kind von sieben Jahren war, füllten mir meine
Freunde an einem Feiertage die Taschen mit Kupfermünzen. Ich
ging sogleich in einen Laden, wo man Kinderspielsachen verkaufte,
und entzückt von dem Ton einer Pfeife, welche ich auf dem Wege
in der Hand eines andern Knaben sah, bot ich ihm freiwillig all
mein Geld für eine an. Ich kam dann heim und ging pfeifend
durch das ganze Haus, sehr vergnügt über meine Pfeife, aber die
ganze Familie damit störend. Als meine Brüder und Schwestern
und Vettern und Basen den Handel erfuhren, welchen ich gemacht
hatte, sagten sie mir, daß ich viermal soviel dafür gegeben hätte,
als sie wert wäre. Dies erinnerte mich daran, welch' gute Sachen
ich für das übrige Geld hätte kaufen können, und sie lachten mich
so sehr wegen meiner Thorheit aus, daß ich vor Ärger weinte,
und die Überlegung machte mir mehr Kummer, als die Pfeife mir
Vergnügen machte.

Dies war mir jedoch nachher von Nutzen, da mir der Eindruck
im Gedächtnis blieb, so daß ich oft, wenn ich versucht war etwas
Unnötiges zu kaufen, zu mir selber sagte: „Gib nicht zu viel
für die Pfeife;" und so sparte ich mein Geld.

Als ich aufwuchs, in die Welt kam und die Handlungen der
Menschen beobachtete, traf ich viele, sehr viele, die zu viel für
die Pfeife gaben.

33

Wann ich jemand sah, der nach Popularität trachtete, indem er sich beständig in politische Händel mischte, seine eignen Geschäfte vernachlässigte und sie durch diese Vernachlässigung zu Grunde richtete, sagte ich: „Er bezahlt wirklich zu viel für seine Pfeife."

61. Fortsetzung.

Wenn ich einen Geizhals kannte, der sich jede Art von Bequemlichkeit des Lebens und alles Vergnügen, andern Gutes zu thun, versagte, der auf die Achtung seiner Mitbürger und auf die Freuden wohlwollender Freundschaft verzichtete, nur um Schätze aufzuhäufen, so dachte ich: „Armer Mann, du bezahlst in der That zu viel für deine Pfeife."

Begegnete ich einem Vergnügungssüchtigen, der jede lobenswerte Geistesbildung, jede Gelegenheit, sein Vermögen zu vermehren, bloß sinnlichen Genüssen opfert, so sage ich: „Betrogener, du schaffst dir Leiden (or Qual), statt Lust, du gibst zu viel für deine Pfeife."

Sehe ich einen Mann in schöne Kleider, schönes Hausgeräte und schöne Equipagen, die alle sein Vermögen übersteigen, vernarrt, wofür er Schulden macht und seine Laufbahn im Gefängnisse beschließt, so sage ich: „O weh! der hat seine Pfeife teuer, sehr teuer bezahlt!"

Wenn ich ein schönes sanftes Mädchen an einen ungeschliffenen Grobian von Mann verheiratet sehe, so sage ich: „Wie Schade ist es, daß sie soviel für eine Pfeife gegeben hat!"

Kurz, ich bemerke, daß die Menschen sich den größten Teil ihres Elendes selbst dadurch zuziehen, daß sie den Wert der Dinge nicht richtig (or falsch) schätzen, und daß sie zu viel für ihre Pfeifen bezahlen.

62. Wohlwollen.

Die folgende Anekdote von dem (d. That des) Herzog v. M. ist sehr bemerkens- und lobenswert. Während eines Spazierganges im St. James-Park sah der Herzog einen Mann von mittlerem Alter beständig hin- und hergehen oder in einer schwermütigen Haltung auf einer der Bänke sitzen. Da er wünschte, mehr von ihm zu wissen (or zu erfahren), näherte sich ihm der Herzog mehrere Male und versuchte, ihn in ein Gespräch zu ziehen, aber ohne Erfolg; seine einzigen Antworten waren: „Ja, mein Herr, Nein, mein Herr; ich weiß nicht; ich glaube (so), u. s. w."

Entschlossen, einige Auskunft über ihn zu erlangen, befahl der Herzog einem seiner Diener, ihm nach Hause zu folgen und alle möglichen Nachforschungen zu machen (or anzustellen). Bei seiner Rückkehr benachrichtigte der Diener seinen Herrn, daß er erfahren habe (or hätte), daß der Herr ein Offizier mit einer zahlreichen Familie wäre, und da er nur halben Sold hätte, um sie zu ernähren, so hätte er sie in einen entfernten Teil von England geschickt, wo sie wohlfeiler leben könnten, als in London; daß er ihnen den größern

Teil von seinem Solde überschickte und selbst in London lebte so gut er konnte (so gut es ging), um dem Kriegsministerium nahe zu sein, wo er eine Beförderung nachsuchte (or suchte).

Der Herzog, nachdem er weitere Auskunft über den Aufenthalt (or über die Wohnung) der Familie erlangt hatte, beschloß, etwas für den Offizier zu thun und ihm eine angenehme Überraschung zu bereiten.

63. Fortsetzung.

Nach einigen Tagen, nachdem die Vorbereitungen vollendet waren, schickte er einen seiner Bedienten in den Park, um ihm zu sagen, daß sein Herr ihm etwas Wichtiges mitzuteilen hätte und ihn bäte (or ersuchte), daß er ihn besuchen möchte. Der erstaunte Offizier folgte dem Diener und wurde bei dem Herzog eingeführt (or wurde dem H. vorgestellt), welcher ihm dann sagte, daß eine Dame von seiner Bekanntschaft, die seine Verhältnisse kenne und welche großen Anteil an seinem Wohlergehen nähme, sehr wünschte, ihn zu sehen; daß die Dame an diesem Tage in seinem Hause speisen sollte, und daß er ihn ihr vorstellen würde (or wollte). Der Offizier hatte sich kaum von seinem Erstaunen erholt, als das Mittagessen angekündigt wurde. Der Herzog führte ihn in den Speisesaal, wo er zu seinem großen Erstaunen seine Frau und seine Kinder fand, welche ebenso verwundert und entzückt (or erfreut) waren, mit ihm so unerwartet zusammenzutreffen.

Es scheint, daß der Herzog einen Boten abgeschickt hatte, um die Familie nach London zu bringen (or zu holen), ohne eine Mitteilung an den Ehegatten zu erlauben, und daß sie eben erst angekommen war. — Nach den gegenseitigen Umarmungen und Glückwünschen (or Beglückwünschungen) unterbrach sie der Herzog, und indem er dem Offizier ein Papier überreichte, sagte er zu ihm: „Mein Herr, ich habe entdeckt (or herausgefunden), daß Sie ein würdiger Mann sind und daß Ihre gegenwärtigen Mittel nicht hinreichend sind (or nicht hinreichen), Ihre liebenswürdige Familie zu ernähren (or zu erhalten). Das Vorrücken in der Armee (or im Heer) ist langsam in Friedenszeiten. Ich habe ein bescheidenes kleines Landhaus mit einem Pachthof (or einer Meierei) zu Ihren Diensten, nehmen Sie es an, gehen Sie und nehmen Sie Besitz davon und mögen Sie glücklich leben." Zu gleicher Zeit überreichte er ihm ein Papier, in welchem (or worin) er erklärte (or anerkannte), daß er das Haus und den Boden dem Herrn — und seinen Erben auf ewig (or für immer) schenkte.

64. Achtung vor der Bibel.

Ein kleiner Knabe, ein Sonntagsschüler, wurde eines Tages von seiner Mutter in einen Laden geschickt, um Seife zu kaufen (or zu holen). Die Ladenfrau, nachdem sie sie (or dieselbe) gewogen hatte, nahm (or riß) ein Blatt aus der Bibel, die als Makulaturpapier auf dem Ladentisch lag, worüber der Knabe sehr (or höchlich) erstaunt war und heftig ausrief: „Ei, Madame! das ist ja die Bibel!" „Gut, was dann, wenn sie es ist?" erwiderte die Frau. — „Es ist die Bibel," wiederholte der Knabe, „und was wollen Sie damit machen (or anfangen)?" — „Die Seife einwickeln." — „Aber, Madame, Sie sollten dieses Buch nicht zerreißen, denn es ist ja die Bibel!" rief der Knabe mit besonderem Nachdruck. — „Was thut das? Ich kaufte sie als Makulaturpapier, um sie in dem Laden zu verbrauchen."

Der kleine Knabe rief mit steigender Wärme: „Was, die Bibel! Ich wünschte, sie wäre mein; ich würde sie nicht so zerreißen." — „Gut," sagte die Frau, „wenn du mir bezahlen willst, was ich dafür gegeben habe (or gab), sollst du sie haben." — „Ich danke (Ihnen)," versetzte (or erwiderte) der Knabe, „ich will nach Hause gehen und meine Mutter um Geld bitten."

Fort lief er und sagte: „Mutter, Mutter, (ich) bitte, gib mir Geld!" — „Wofür (or für was)?" sagte die Mutter. — „Um eine Bibel zu kaufen," erwiderte er, „denn die Frau im Laden zerriß eben die Bibel, und ich sagte ihr, sie sollte es nicht thun; dann sagte sie, sie wollte sie (or dieselbe) mir verkaufen. O Mutter, bitte, gib mir Geld, um sie zu kaufen, damit sie nicht zerrissen werde."

65. Fortsetzung.

Seine Mutter sagte: „Es thut mir sehr leid, ich kann nicht, mein lieber Junge (or Knabe), ich habe keines." Das Kind weinte, bat noch einmal um Geld, aber umsonst. Dann ging er seufzend zurück in den Laden und sagte: „Meine Mutter ist arm und kann mir kein Geld geben, aber, o Madame, zerreißen Sie die Bibel nicht, denn meine Lehrer haben mir gesagt, daß sie Gottes Wort ist." — Die Frau, als sie bemerkte, daß der Knabe sehr betrübt war, sagte: „Nun, weine nicht, denn du sollst die Bibel haben, wenn du mir ihr Gewicht in Makulatur bringen wirst (or soviel M. als sie wiegt)." Bei diesem unerwarteten, aber freudigen Vorschlag, trocknete der Knabe seine Thränen und sagte: „Das will ich, Madame, und ich danke Ihnen auch."

Fort lief er zu seiner Mutter und bat sie um Papier. Sie gab ihm alles, was sie hatte, und dann ging er in alle Nachbarhäuser und bat um noch mehr, und nachdem er, wie er hoffte, genug gesammelt hatte, eilte er, mit dem Bündel unter dem Arme, in den Laden und rief beim Eintreten: „Jetzt, Madame, habe ich das Papier (bekommen)." — „Sehr gut," sagte die Frau, „laß mich es wägen (or ich will es w.)." Das Papier wurde in (die) eine Wagschale gelegt und die Bibel in die andre. Die Wage neigte sich zu Gunsten des Knaben, und er rief aus mit Thränen der Freude in den Augen: „Die Bibel ist mein;" und indem er sie ergriff (or nahm), rief er aus: „Ich habe sie, ich habe sie." Dann lief er nach Hause zu seiner Mutter und rief, während er ging: „Ich habe die Bibel (bekommen), ich habe die Bibel."

66. Das britische Reich.

Das britische Reich, seine fremden (or auswärtigen) Besitzungen abgerechnet, besteht aus den Inseln Großbritannien und Irland und aus den kleinern Inseln, welche daran grenzen und denselben unterworfen (or untergeordnet) sind. Großbritannien, die größte und bei weitem die wichtigste der britischen Inseln, ist (or wird) in die Königreiche England und Schottland eingeteilt. Das erstere nimmt den südlichern, fruchtbarsten und ausgedehntesten, und das letztere den nördlichen, unfruchtbarern und kleinern Teil ein. Nach dem Abzug der Römer aus Großbritannien wurden diese zwei Abteilungen (or Teile) getrennte und unabhängige Staaten, zwischen welchen häufig die heftigsten Feindschaften bestanden.

In Folge der Heirat Margaretens, der Tochter Heinrichs des Achten von England, mit Jakob dem Vierten, König von Schottland im Jahr 1502, bestieg Jakob der Sechste, König von Schottland, den englischen Thron nach dem Tode der Königin Elisabeth im Jahr 1604. Aber, ungeachtet (or trotz) dieser Verbindung der Kronen, hatten die zwei Königreiche besondere und unabhängige Gesetzgebungen bis 1706, wo (or als) unter der Regierung der Königin Anna eine gesetzgebende Vereinigung Englands und Schottlands zustande gebracht wurde. In vielen Hinsichten jedoch sind die Einrichtungen immer noch eigentümlich. Das Landrecht und die richterlichen Behörden von England sind sehr von denjenigen Schottlands verschieden (or weichen sehr von denen Sch.'s) ab; die herrschende Religion und die Kirchenverfassung des ersteren sind auch wesentlich verschieden von denen des letzteren, und die Sitten und Gebräuche der zwei (or beiden) Länder, obschon sie nach und nach einander ähnlich werden, bewahren noch immer viele unterscheidende Züge.

67. Der jugendliche Märtyrer.

Im dritten Jahrhundert zeigte ein Kind (Knabe), Namens Cyrill, von Cäsarea ungewöhnliche Seelenstärke. Er rief den Namen Jesu Christi beständig an, und weder Drohungen noch Schläge konnten ihn abhalten. Viele Kinder von seinem Alter verfolgten ihn, und sein eigner Vater jagte ihn aus seinem Haus, unter dem Beifall vieler wegen seines Eifers, das Heidentum zu unterstützen. Er wurde endlich (or zuletzt) vorgeladen, vor dem Richter zu erscheinen, welcher ihn so anredete: „Mein Kind, ich will deine Fehler verzeihen; dein Vater soll dich wieder aufnehmen; es liegt in deiner Macht, deines Vaters Besitztum zu genießen, wenn du nur weise (or klug) bist und dein (eignes) Interesse berücksichtigst."

„Ich freue mich, Vorwürfe zu leiden," erwiderte Cyrill, „Gott wird mich aufnehmen — ich bin froh, daß ich aus unserm Hause vertrieben bin — ich werde eine bessere Wohnung haben; — ich fürchte den Tod nicht, weil er mich in ein besseres Leben einführen wird."

Die göttliche Gnade befähigte ihn, dieses gute Bekenntnis ab=
zulegen. Man befahl, ihn zu binden und scheinbar zur Hinrich=
tung zu führen. Der Richter, in der Hoffnung, daß der Anblick
des Feuers seinen Entschluß überwinden (or besiegen) würde, hatte
geheime Befehle gegeben, ihn wieder zurückzubringen. Cyrill blieb
unbeugsam. Die Menschlichkeit des Richters bewog ihn, seine Vor=
stellungen noch fortzusetzen.

„Ihr Feuer und Ihr Schwert," sagte der junge Märtyrer,
„sind ohne Bedeutung, — ich gehe in ein besseres Haus und zu
bessern Reichtümern — lassen Sie mich gleich hinrichten, damit ich
dieselben (or sie) genießen kann." Die Zuschauer weinten. — „Ihr
solltet euch lieber freuen," fuhr er fort, „indem ihr mich zu meiner
Strafe führt; ihr wisset nicht, welche Stadt ich im Begriff bin,
zu bewohnen, noch welches meine Hoffnung ist."

Er ging in seinen Tod, mitten unter der Bewunderung der
ganzen Stadt.

68. Eine gute Lehre.

Ein Freund des Dekans Swift schickte ihm eines Tags eine
Steinbutte, als Geschenk, durch einen Diener, der schon häufig (or
oft) ähnliche Aufträge besorgt hatte, der aber niemals das geringste
Zeichen von der Freigebigkeit des Dekans erhalten hatte. Nachdem
er eingelassen war, öffnete er die Thüre des Studierzimmers, stellte
den Fisch barsch nieder und rief sehr unhöflich (or grob): „Mein
Herr schickt Ihnen hier eine Steinbutte." — „Junger Mensch,"
sagte der Dekan, indem er von seinem Lehnstuhl aufstand, „ist das
die Art, wie Sie Ihren Auftrag ausrichten (or überliefern)? Lassen
Sie mich Sie bessere Manieren (Sitten) lehren; setzen Sie sich in
meinen Stuhl, wir wollen die Rollen wechseln, und ich will Ihnen
zeigen, wie Sie sich künftig benehmen müssen."

Der Junge (Bursche) setzte sich nieder, und der Dekan ging
an die Thüre; dann kam er an den Tisch heran mit ehrfurchts=
vollen Schritten, machte eine tiefe Verbeugung und sagte: „Herr
Dekan, mein Herr läßt Sie grüßen, hofft, daß Sie wohl sind und
bittet Sie, ein kleines Geschenk anzunehmen." „Ei, wirklich!" er=
widerte der Junge, „sage ihm meinen besten Dank, und da ist eine
halbe Krone für dich (selbst)."

Der Dekan, auf diese Weise zu einem Akt der Freigebigkeit
genötigt, lachte herzlich und gab dem Knaben eine Krone für seinen
Witz (or witzigen Einfall).

69. Rabelais, ein Verräter.

Dieser berühmte Witzling (or Schöngeist) war einmal in einer
großen Entfernung von Paris und ohne Geld, um seine Kosten
bis dahin zu bezahlen. Da dieser sinnreiche Schriftsteller in großer
Verlegenheit war, sammelte er eine angemessene Menge Ziegelmehl,
verteilte es in mehrere Papiere und schrieb auf eines: Gift für den
Bruder des Königs; auf ein zweites: Gift für den Kronprinzen

und auf ein drittes: Gift für den König. Nachdem er diesen Mund=
vorrat für die königliche Familie von Frankreich zurechtgemacht hatte,
legte er seine Papiere so, daß sein Wirt, der ein neugieriger Mann
und ein guter Unterthan war, sie (or dieselben) sehen konnte.

Der Anschlag (or der Plan) gelang nach Wunsch (or wie er
wünschte); der Wirt gab sogleich dem Staatssekretär Kenntnis
(davon). Der Minister schickte sofort einen besonderen Boten, der
den Verräter an den Gerichtshof brachte, und versah ihn auf Kosten
des Königs mit den nötigen Bequemlichkeiten auf der Reise (or
unterwegs). Sobald als er erschien, erkannte man, daß es der
berühmte Rabelais war, und da sein Pulver, nach (geschehener)
Prüfung, sehr unschuldig befunden wurde, lachte man nur über
den Scherz, für welchen ein weniger hervorragender (or ausge=
zeichneter) Spaßvogel auf die Galeeren geschickt worden wäre.

70. Elend der Unthätigkeit.

Das aus der Zurückgezogenheit von dem Lärm der (großen)
Stadt zu den friedlichen Szenen des Landlebens entspringende
Glück ist mehr eingebildet (or in der Idee), als es sich in der
Wirklichkeit zeigt. Ein Kaufmann in London, der sich von dem
niedrigen Rang des Lebens zu (or zum) Reichtum emporgeschwun=
gen hatte, beschloß, sich auf das Land zurückzuziehen, um ungestört
den Rest seines Lebens zu genießen. Zu diesem Zweck kaufte er
ein Landgut und ein Wohnhaus in einem abgelegenen Winkel auf
dem Lande und nahm Besitz davon.

Während die Veränderungen und Verbesserungen, welche er
machen ließ, vor sich gingen, hielt ihn der Lärm der Hämmer,
Sägen, Meißel u. s. w. um ihn her in guter Stimmung. Aber
als diese Verbesserungen beendigt und seine Arbeiter entlassen waren,
machte ihn die Stille überall mißmutig, und er fühlte sich ganz
elend. Er mußte seine Zuflucht zu einem Schmied auf seinem
Landgut nehmen, um seinen Geist zu erheitern (or erleichtern), und
er machte sich wirklich verbindlich, während einer gewissen Anzahl
von Stunden (or einige Stunden lang) im Tage den Blasbalg zu
ziehen. In kurzer Zeit hörte dieses auf, die Erleichterung, die er
wünschte, zu gewähren; er kehrte nach London zurück und arbeitete
als unbezahlter Gehilfe seines eignen Kommis, dem er das Ge=
schäft übergeben hatte.

71. Hazaël, König von Syrien.

In den Tagen Jorams, des Königs von Israel, blühte der
Prophet Elisa. Sein Charakter war so hervorragend und sein Ruf
so weit verbreitet, daß Benhadad, (der) König von Syrien, obschon
ein Götzendiener, (zu ihm) schickte, um ihn über den Ausgang einer
Krankheit zu beraten, welche sein Leben bedrohte. Der Bote, wel=
cher bei dieser Gelegenheit verwendet wurde, war Hazaël, der einer

der Fürsten oder der angesehensten Männer des syrischen Hofes gewesen zu sein scheint.

Mit reichen Geschenken vom König beladen, stellt er sich dem Propheten vor und redet ihn in Ausdrücken der höchsten Achtung an. Während der Unterredung, welche sie miteinander hatten, heftete Elisa seine Augen (or Blicke) fest auf das Gesicht Hazaels, und indem er, durch einen prophetischen Geist, seine zukünftige Tyrannei und Grausamkeit erkannte, konnte er sich nicht enthalten, in eine Flut von Thränen auszubrechen.

Als Hazael erstaunt nach der Ursache dieser plötzlichen Rührung fragte (or sich erkundigte), setzte ihn der Prophet offen (or deutlich) von den Verbrechen und Grausamkeiten in Kenntnis, von denen er voraussah, daß jener sie später begehen würde. Die Seele Hazaels verabscheute um diese Zeit (or zu dieser Zeit) den Gedanken der Grausamkeit. Bis jetzt noch unverdorben durch Ehrgeiz oder Größe, erhob (or empörte) sich sein Unwillen darüber, daß man ihn der rohen (or grausamen) Handlungen, die der Prophet erwähnt hatte, für fähig hielt, und mit großer Wärme antwortet er: „Aber was! ist dein Diener ein Hund, daß er so etwas Großes (Schlimmes) thun sollte."

Elisa erwidert nichts andres als, um eine merkwürdige Veränderung anzudeuten, welche in seiner Stellung stattfinden sollte: „Der Herr hat mir gezeigt (or geoffenbaret), daß du König von Syrien werden sollst." Im Lauf der Zeit erfüllte sich alles, was vorhergesagt worden war. Hazael bestieg den Thron, und der Ehrgeiz nahm Besitz von seinem Herzen. Er schlug die Kinder Israels an allen ihren Küsten. Er unterdrückte sie während aller Tage des König Jehoahaz, und aus dem, was von seinen Thaten erzählt wird, scheint er sich deutlich als das erwiesen zu haben, was der Prophet vorhersah, daß er sein würde, (nämlich) ein heftiger, grausamer und blutgieriger Mann.

72. Verzweifelte Vaterlandsliebe.

Während der Kriege Napoleons in Spanien kam ein Garde-Regiment Jeromes, Exkönigs von Westfalen, unter den Mauern von Figueiras an.

Der General schickte eine Botschaft an den Prior, um zu fragen, ob er für seine Offiziere und Soldaten Erfrischungen bereiten wollte. Der Prior erwiderte, daß die Soldaten gute Quartiere in der Stadt finden würden, aber daß er und seine Mönche den General und seinen Stab bewirten wollten.

Ungefähr eine Stunde später wurde ein reichliches Mittagessen aufgetragen, aber da der General aus Erfahrung wußte, wie nötig es für die Franzosen war, auf ihrer Hut zu sein, wenn sie mit Spaniern aßen und tranken, damit sie nicht betrogen würden, lud er den Prior und zwei Mönche ein, mit ihm zu speisen.

Die Einladung wurde so angenommen, daß jeder Verdacht beschwichtigt wurde. Die Mönche setzten sich an den Tisch und aßen und tranken reichlich mit ihren Gästen, welche nach der Mahlzeit ihnen für ihre Gastfreundschaft herzlich dankten. Hierauf stand der Prior auf und sagte: „Meine Herren, wenn Sie noch weltliche Geschäfte zu erledigen haben, so ist keine Zeit zu verlieren; dieses ist die letzte Mahlzeit, welche Sie und ich auf der Erde einnehmen werden, in einer Stunde werden wir die Geheimnisse der künftigen Welt kennen."

Der Prior und seine zwei Mönche hatten ein tödliches Gift in den Wein gethan, mit welchem sie den französischen Offizieren zugetrunken hatten, und ungeachtet der Gegenmittel, welche sogleich von den Ärzten gegeben wurden, hatte, in weniger als einer Stunde, jeder Mann, Wirte und Gäste, aufgehört zu leben.

73. Merkwürdiges Auskunftsmittel.

Zwei Irländer, Schmiede von Profession, gingen nach Jamaika. Da sie bald nach ihrer Ankunft fanden, daß sie ohne ein wenig Geld, um damit anzufangen, nichts thun könnten, daß sie aber mit sechzig oder siebzig Pfund und mit Fleiß im stande sein könnten, ein Geschäft zu machen, so kamen sie auf das folgende sinnreiche Auskunftsmittel.

Einer von ihnen machte den andern schwarz von Kopf bis zu Fuß. Nachdem dieses geschehen war, führte er ihn zu einem (der) Negerhändler, welcher, nachdem er sein starkes, athletisches Aussehen beifällig betrachtet hatte, einen Handel machte, achtzig Pfund für ihn zu bezahlen, und sich des Kaufes rühmte (or auf den Kauf stolz war), indem er ihn für einen der schönsten Neger auf der Insel hielt. Am nämlichen Abend lief dieser neu fabrizierte (or verfertigte) Neger davon zu seinem Landsmann, wusch sich rein und nahm sein früheres Aussehen wieder an. Belohnungen wurden umsonst in Anschlagzetteln angeboten. Die Verfolgung wurde vereitelt und die Entdeckung durch Sorgfalt und Vorsicht unmöglich gemacht.

Die zwei Irländer fingen mit dem Gelde ein Geschäft an und hatten soviel Glück, daß sie mit einem Vermögen von mehreren tausend Pfunden nach England zurückkehrten. Jedoch vor ihrer Abreise von der Insel gingen sie zu dem Herrn, von welchem sie das Geld empfangen hatten, riefen ihm den Umstand mit dem Neger in sein (or ins) Gedächtnis zurück und erstatteten Kapital und Zins mit Dank zurück.

74. Die Störche.

Ein zahmer Storch lebte ruhig in dem Hof der Universität Tübingen in Schwaben (Württemberg), bis der Graf Viktor Grävenitz, ein Student daselbst, nach einem Storchnest nahe bei dem Universitätsgebäude schoß und wahrscheinlich den Storch darin ver=

wundete. Dies geschah im Herbst, wann (or wo) die Störche ihre Wanderungen beginnen. Im nächsten Frühling bemerkte man einen Storch auf dem Dach des Universitätsgebäudes, der durch sein un= aufhörliches Klappern zu wünschen schien, dem zahmen Storch be= greiflich zu machen, daß seine Gesellschaft ihn freuen würde. Aber da die Flügel des andern gestutzt waren, so wurde der Fremde veranlaßt, mit großer Vorsicht zuerst auf die obere Galerie herab= zukommen; am nächsten Tag ein wenig niedriger und zuletzt nach vielen Umständen ganz in den Hof. Der zahme Storch, an nichts Böses denkend (or nichts Böses ahnend), ging ihm mit einem freu= digen Ton (Klappern) entgegen, als der andre mit der äußersten Wut über ihn herfiel.

Die Zuschauer trieben den fremden Storch fort, aber er kam am nächsten Tag wieder zum Angriff, und während des ganzen Sommers wurden Scharmützel (Kämpfe) zwischen ihnen ausgetauscht (or geliefert). Herr Grävenitz hatte gewünscht, daß man dem zah= men Storch nicht beistehen sollte, da er nur einen einzigen Gegner hatte; und da er so genötigt war, für sich selbst zu sorgen, so lernte er auf seiner Hut sein und verteidigte sich so (gut), daß am Ende des Feldzugs der Fremde nichts erlangt (or durchgesetzt) hatte.

Im nächsten Frühling jedoch kamen anstatt eines Storches vier, welche sogleich den zahmen Storch angriffen, der, in Gegen= wart mehrerer Personen, sich mit großer Tapferkeit verteidigte, bis seine Kräfte nachzulassen anfingen, als Hilfstruppen ihm zu Hilfe kamen. Alle Welschhühner (Truthühner), Gänse, Enten und Ge= flügel, welche in dem Hof aufgezogen wurden, wahrscheinlich durch sein mildes Benehmen anhänglich an ihn (geworden), bildeten einen Wall um ihn und erlaubten ihm einen sicheren Rückzug. Hierauf wurde der Feind schärfer beobachtet, bis am Anfang des dritten Frühlings ungefähr zwanzig Störche in das Universitätsgebäude her= unterkamen und ihn des Lebens beraubten. Die einzige Ursache für dieses Übelwollen war der auf das Nest abgefeuerte Schuß, von dem sie geglaubt haben mochten, daß er von dem zahmen Storch veranlaßt worden sei (war).

75. Der Riese und der Zwerg.

Einst waren ein Riese und ein Zwerg Freunde und hielten zusammen. Sie machten einen Handel, daß sie einander niemals verlassen, sondern auf Abenteuer ausgehen wollten. Die erste Schlacht, welche sie lieferten, war mit zwei Sarazenen; und der Zwerg, welcher sehr mutig war, versetzte einem der Kämpfer einen sehr zornigen Streich. Er that dem Sarazenen nur sehr wenig Schaden, welcher sein Schwert aufhob und dem armen Zwerg den Arm völlig abschlug (abhieb). Dieser war jetzt in einem schmerz= vollen Zustand, aber der Riese, welcher ihm zu Hilfe kam, ließ in kurzer Zeit die zwei Sarazenen tot auf dem Feld, und der Zwerg schnitt dem toten Mann aus Ingrimm den Kopf ab.

Sie reisten dann weiter zu einem andern Abenteuer. Dieses war gegen drei blutdürstige Satyrn (Faunen), welche ein unglückliches Mädchen forttrugen. Der Zwerg war jetzt nicht ganz so wild (or grimmig) wie vorher; aber dessenungeachtet versetzte er den ersten Streich, der durch einen andern erwidert wurde, welcher ihm das Auge ausschlug; aber der Riese war bald mit ihnen fertig, und wären sie nicht geflohen, so würde er sie gewiß getötet haben. Sie waren alle (beide) sehr freudevoll über diesen Sieg (or wegen dieses Sieges), und das Mädchen, welches befreit war, verliebte sich in den Riesen und heiratete ihn.

Sie reisten nun weit, weiter als ich sagen kann, bis sie einer Räuberbande begegneten. Der Riese war zum erstenmal jetzt der Vorderste, aber der Zwerg war nicht weit hinten. Die Schlacht war heftig und lang. Überall, wohin der Riese kam, fielen alle vor ihm; aber der Zwerg wäre mehr als einmal beinahe getötet worden. Zuletzt entschied sich der Sieg für die zwei Abenteurer, aber der Zwerg verlor ein Bein. Der Zwerg hatte jetzt einen Arm, ein Bein und ein Auge verloren, während der Riese ohne eine einzige Wunde war. Hierauf rief er seinem kleinen Gefährten zu: „Mein kleiner Held, das ist eine ruhmvolle Unterhaltung, laß' uns noch einen Sieg gewinnen, und dann werden wir für immer Ehre haben." — „Nein," ruft der Zwerg, welcher um diese Zeit weiser geworden war, „ich erkläre rundweg, ich will nicht mehr kämpfen (or fechten), denn ich finde in jeder Schlacht, daß du alle Ehre und Belohnungen bekommst, aber alle Schläge fallen auf mich."

Ungleiche Verbindungen sind immer nachteilig für die schwächere Seite (or den schwächeren Teil); die Reichen haben das Vergnügen, und die Armen die Unbequemlichkeiten, welche daraus entstehen.

76. Rotterdam im Winter.

Rotterdam bietet bei frostigem Wetter einen merkwürdigen und unterhaltenden Anblick. Die großen Fenster, aus dem reinsten (or hellsten) Glas gemacht und durch die beständige Sorgfalt der Hausfrauen glänzend (or hell) gehalten, funkeln (or glänzen) in der Sonne mit mehr als gewöhnlichem Glanz; die schönen Bäume, welche längs der Seiten der Straßen gepflanzt sind, sind mit gefrorenem Schnee (or mit Duft) gefiedert; unzählige Vergnügungsboote (or Gondeln) und Kauffahrteischiffe liegen zusammengezwängt (or gekeilt) in den Kanälen, ihr Takelwerk, ihre Masten und Wimpel sind auf dieselbe Art überzuckert, wie die Äste der Bäume, und Scharen von Männern, Frauen und Kindern, welche mit unglaublicher Schnelligkeit und Geschicklichkeit in ihren Schlitten die Straßen und Kanäle entlang dahingleiten, machen den ganzen Anblick (or die ganze Ansicht) lebendig und unterhaltend.

In der That (or wirklich) trägt durch ganz Holland im Winter das ganze Land das Aussehen eines Jahrmarktes. Die Kanäle von einer Stadt zur andern sind oft drei Monate lang zugefroren und bilden einen soliden (or festen) Boden von Eis. Die Landleute fahren (or laufen) auf Schlittschuhen mit Milch und Gemüse auf den Markt. Manchmal (or zuweilen) kann man eine Gesellschaft von 20 oder 30 zusammen laufen sehen, junge Frauen sowohl als Männer, welche einander bei der Hand halten und mit erstaunlicher Schnelligkeit (or Geschwindigkeit) dahingleiten. Buden sind auf dem Eis erbaut, mit großen Feuern darin (or in denselben), und man sieht jede Art von Unterhaltung auf den gefrorenen Kanälen. Schlitten, mit der Hand gezogen, andre von Pferden, und alle hübsch verziert, in welchen Damen und Kinder, die in warme Pelze gehüllt sind, von einem Ende der Straßen an das andre (or zum andern) fliegen. Diese Schlitten haben keine Räder, sondern bewegen sich auf einem eisernen, an dem Ende abgerundeten Lauf. Damen aller nördlichen Gegenden (or Länder) lieben das Schlittenfahren an Winter-Abenden sehr. Diese Wägen, hübsch geschnitzt, gemalt und vergoldet, sind in der Form von Löwen, Schwänen, Delphinen, Pfauen oder in irgend einer andern Gestalt gemacht und auf dem Schlitten befestigt. Die Dame ist bei diesen Gelegenheiten prächtig in Samt, Zobelpelz, Spitzen und Juwelen gekleidet, und ihr Kopf ist gegen die Kälte durch eine mit Pelz besetzte (or ausgeschlagene) Haube geschützt; auch das Pferd ist mit Federn und Schellen verziert (or geschmückt), und ein Hirschgeweih ist auf seinem Kopf befestigt. Mehrere Pagen*) zu Pferd mit Fackeln begleiten den Wagen (or Schlitten), um die Ausrüstung zur Schau zu stellen und Unglück zu verhüten, da sie oft in den dunkelsten Nächten im Galopp durch die Straßen fahren; aber beim Mondschein macht dieser Putz, (Staat or Glanz) im Gegensatz zum Schnee, die schönste Erscheinung.

77. Ein westindischer Sklave.

Ein Neger auf einer der Inseln Westindiens (or der westindischen J.), welcher unter den Einfluß religiöser Belehrung gebracht worden war, wurde seinem Besitzer (or Eigentümer) wegen seiner Rechtschaffenheit und allgemein guten Aufführung besonders wertvoll, so daß sein Herr ihn zu einer wichtigen Stelle in der Verwaltung seines Landgutes erhob. Da dieser Besitzer wünschte, noch 20 (or 20 weitere) Sklaven zu kaufen, beauftragte er ihn (or stellte er ihn an), die Wahl zu treffen, und gab ihm Anweisungen, diejenigen zu wählen, welche stark wären und die voraussichtlich gute Arbeiter abgeben würden.

Der Mann ging auf den Sklavenmarkt und fing seine Untersuchung an. Er hatte nicht lange die Scharen, welche zum Verkauf ausgestellt waren, betrachtet, als er sein Auge fest auf einen alten und abgelebten (or gebrechlichen) Sklaven heftete und seinem

---

*) See the footnote p. 11.

Herrn sagte, daß dieser einer davon sein müsse. Der Herr schien sehr erstaunt und machte Gegenvorstellungen. Der arme Kerl (or Mensch) bat, daß ihm seine Bitte gewährt werden möchte, als (or worauf) der Sklavenhändler bemerkte, daß, wenn sie zwanzig kauften, er ihnen den alten Mann drein geben würde.

Der Kauf wurde demgemäß gemacht (or geschlossen), und die Sklaven wurden auf die Pflanzung ihres neuen Herrn geführt; aber keinem erwies der Auswähler die halbe Aufmerksamkeit, die er dem armen, alten hinfälligen Afrikaner erzeigte. Er nahm ihn in seine eigne Wohnung und legte ihn auf sein eignes Bett; er nährte ihn an seinem eignen Tisch und ließ ihn aus seinem eignen Becher trinken; wann er fror, trug er ihn in den Sonnenschein, und wann es ihm heiß war, führte er ihn in den Schatten der Kokosnußbäume.

Erstaunt über die Aufmerksamkeit, welche dieser vertraute Sklave einem Mitsklaven erwies, befragte sein Herr ihn über den Gegenstand (or darüber). Er sagte: „Du könntest kein so lebhaftes Interesse an dem alten Manne nehmen, wenn du nicht einen besondern Grund dazu hättest; — ist er ein Verwandter von dir, vielleicht dein Vater?" — „Nein, Herr, er ist nicht mein Vater." — „Dann ist er vielleicht ein älterer Bruder?" — „Nein, Herr, er ist nicht mein Bruder." — „Dann ist er ein Onkel or ein anderer Verwandter." — „Nein, Herr, er ist gar nicht von meiner Verwandtschaft, nicht einmal mein Freund." — „Dann," fragte der Herr, „weswegen (or aus welchem Grunde) erregt er dein Interesse?" — „Er ist mein Feind, Herr," erwiderte der Sklave, „er verkaufte mich dem Sklavenhändler, und meine Bibel lehrt mich (or sagt mir): Wenn mein Feind hungrig ist, gib ihm zu essen, und wenn er durstig ist, gib ihm zu trinken, denn wenn ich das thue, werde ich feurige Kohlen auf sein Haupt sammeln."

78. Der Bischof und seine Vögel.

Ein würdiger Bischof, welcher kürzlich in einer Stadt auf dem Kontinent (or Festland) starb, hatte als Wappen zwei Kramtsvögel mit dem Motto: „Kauft man nicht zwei Sperlinge für einen Heller (or Pfennig)." Dieses seltsame (or sonderbare) Wappen hatte oft Aufmerksamkeit erregt, und viele Leute hatten gewünscht, seinen Ursprung zu erfahren (or zu kennen), da man allgemein annahm, daß der Bischof es selbst gewählt hatte und daß es auf irgend ein Ereignis in seiner Jugend Bezug hatte (or sich bezog). Eines Tages fragte ihn ein intimer (or vertrauter) Freund um die Bedeutung desselben, und der Bischof erzählte die folgende Geschichte:

„Vor 50 oder 60 Jahren wohnte ein kleiner Knabe in einem Dorfe an den Ufern der Donau. Seine Eltern waren sehr arm, und sobald als der Knabe drei oder vier Jahre alt war, wurde er in den Wald geschickt, um Reisig als Brennmaterial aufzulesen. Als er älter wurde, lehrte ihn sein Vater Wachholderbeeren pflücken

und sie zu einem benachbarten Branntweinbrenner tragen, der sie
brauchte, um Branntwein (or Wachholderbranntwein) daraus zu
machen.

Tag für Tag ging der arme Knabe an seine Aufgabe und
kam auf seinem Wege an den offenen Fenstern der Dorfschule vor=
bei, wo er sah, wie der Schulmeister eine Anzahl Knaben ungefähr
von demselben Alter, wie er (selbst), unterrichtete (or lehrte). Er
betrachtete diese Knaben fast mit Gefühlen des Neides, so ernstlich
sehnte er sich, unter ihnen zu sein. Er wußte wohl, daß es um=
sonst sein würde, seinen Vater zu bitten, ihn in die Schule zu schicken,
denn seine Eltern hatten kein Geld, den Schulmeister zu bezahlen;
und er brachte oft den ganzen Tag mit Nachdenken zu, während er
seine Wachholderbeeren pflückte, was er möglicherweise thun könnte,
um dem Schulmeister zu gefallen, in der Hoffnung, einige Stunden
(or einigen Unterricht) zu bekommen.

Fortsetzung.

Eines Tages, als er traurig dahinging, sah er zwei von den
Knaben, welche zu der Schule gehörten, versuchen, eine Vogelfalle
zu stellen, und er fragte einen derselben, für was es wäre. Der
Knabe sagte ihm, daß der Schulmeister ein großer Freund von
Kramtsvögeln wäre, und daß sie (jetzt) die Falle stellten, um einige
zu fangen. Dies freute den armen Knaben, denn er erinnerte
sich, daß er oft eine große Anzahl dieser Vögel in dem Wach=
holderbeeren=Wald gesehen hatte, wohin sie kamen, um die Beeren
zu fressen; und er hatte keinen Zweifel (or er zweifelte nicht), daß
er einige fangen könnte.

Am nächsten Tag borgte der kleine Knabe einen alten Korb
von seiner Mutter, ging in den Wald und hatte die große Freude,
zwei Kramtsvögel zu fangen. Er setzte sie in den Korb, band ein
altes Taschentuch darüber und trug sie in das Haus des Schul=
meisters. Eben (or gerade) als er an die Thüre kam, sah er die
zwei kleinen Knaben, welche die Falle gestellt hatten, und fragte sie
mit einiger Angst, ob sie Vögel gefangen hätten. Sie antworteten:
Nein, und der Knabe, dessen Herz vor Freude klopfte (or mit
klopfendem Herzen) wurde beim Schulmeister vorgelassen. In we=
nigen Worten sagte er, wie er die Knaben die Falle hätte stellen
sehen und wie er die Vögel gefangen hätte, um sie dem Lehrer als
Geschenk zu bringen.

„Als Geschenk, mein guter Junge," rief der Schulmeister; „du
siehst nicht aus, als wenn du Geschenke machen könntest. Sage
mir den Preis, und ich will ihn dir bezahlen und noch obendrein
(or außerdem) danken."

79. (80.) Fortsetzung.

„Ich möchte sie Ihnen lieber schenken, [mein Herr]," sagte der
Knabe. Der Schulmeister betrachtete den Knaben, wie er vor ihm

stand, bloßköpfig und barfüßig (or mit bloßem Kopf und bloßen Füßen), mit zerrissenen Hosen, die nur halbwegs über die nackten Beine reichten (or gingen). „Du bist ein sonderbarer Knabe," sagte er, „aber wenn du kein Geld nehmen willst, mußt du mir sagen, was ich für dich thun kann, da ich dein Geschenk nicht annehmen kann, ohne etwas als Vergeltung dafür zu thun. Kann ich etwas für dich thun?"

„Oh ja!" sagte der Knabe, vor Freude zitternd, „Sie können für mich das thun, was ich lieber hätte als alles andre."

„Was ist das?" fragte der Schulmeister lächelnd.

„Lehren Sie mich lesen," rief der Knabe, indem er auf die Kniee fiel; „o lieber, guter Herr, lehren Sie mich lesen."

Der Schulmeister willfahrte ihm (or erfüllte seine Bitte). Der Knabe kam in allen seinen freien (or Muße=)Stunden zu ihm und lernte so schnell, daß der Schullehrer ihn einem Edelmann empfahl, welcher in der Nachbarschaft wohnte. Dieser Herr, der ebenso adelig an Geist, als an Geburt war, nahm sich des armen Knaben an und schickte ihn in die Schule. Der Knabe benützte die Gelegenheit, und als er, was er bald that (or wie es bald geschah), zu Wohlstand und Ehrenstellen stieg (or gelangte), nahm er zwei Kramtsvögel als Wappen an.

„Was wollen Sie damit sagen?" rief der Freund des Bischofs.

„Ich will sagen (or ich meine)," erwiderte der Bischof mit (einem) Lächeln, „daß ich selbst der arme Knabe war."

80. **Ein aufgeklärtes Rätsel.**

Vor einigen Jahren reisten einige Personen in einem Eilwagen (or Postwagen) nach London, und beim Einbruch der Nacht fingen sie an, ihre Befürchtungen (Furcht) auszudrücken, von Straßenräubern angegriffen zu werden. Ein Herr sagte, er hätte 10 Guineen bei sich und wüßte nicht, wo er sie zur Sicherheit (sicher) verbergen könnte. Eine Dame, welche neben ihm in dem Wagen saß, riet ihm, sie in seinen Stiefeln zu verbergen, was er sogleich that. Bald nachher kam ein Straßenräuber heran und verlangte ihre Geldbeutel. Die Dame sagte ihm, daß sie kein Geld hätte, aber wenn er die Stiefel dieses Herrn durchsuchen wollte, so würde er zehn Guineen finden.

Der erstaunte Reisende mußte sich unterwerfen und verlor sein Geld, aber sobald als der Räuber fort war, überhäufte er die Dame mit Schimpfworten, indem er ihr erklärte, daß sie eine Verbündete des Diebes wäre. Sie erkannte an (or gab zu), daß der Schein gegen sie wäre, aber sie setzte hinzu, daß sie, wenn die Reisenden ihr die Ehre erweisen wollten, am folgenden Tag mit ihr zu speisen, zu ihrer Befriedigung ihr Benehmen erklären würde, welches so geheimnisvoll erschien.

Sie willigten ein und, nachdem sie gemeinschaftlich ein prächtiges Mittagsmahl eingenommen hatten, führte die Dame sie in ihr Besuchzimmer, wo sie sagte, indem sie ihnen eine Brieftasche zeigte: „Hier ist eine Rechtfertigung meines Betragens von gestern Abend; sie enthält Banknoten im Betrag von mehreren hundert Pfund." — Dann wandte sie sich an den Herrn und sagte: „Mein Herr, wenn ich nicht die Aufmerksamkeit des Straßenräubers auf Ihre zehn Guineen gelenkt hätte, so würde ich meine Banknoten verloren haben, ich bitte Sie daher, um Sie für Ihren Verlust und Ihren Ärger zu entschädigen, eine Hundert-Pfundnote anzunehmen." „Keine Entschuldigung, mein Herr, denn ich schätze mich glücklich, die andern um diesen Preis gerettet zu haben." Die Reisenden waren sehr entzückt über die Freigebigkeit der Dame und belobten sie wegen ihrer Geistesgegenwart.

81. (82.) Der Tyrann Dionysios.

Dionysios, der Tyrann von Sizilien, zeigte, wie weit er vom Glücke entfernt war, selbst während er Überfluß an Reichtümern hatte und an allen Vergnügen, welche der Reichtum gewähren kann. Damokles, einer seiner Schmeichler, beglückwünschte ihn über seine Macht, seine Schätze und die Pracht seines königlichen Standes und versicherte, daß nie ein Monarch größer oder glücklicher war als er. — „Hast du Lust, Damokles," sagte der König, „dieses Glück zu kosten und aus (eigner) Erfahrung zu wissen, welches meine Genüsse sind, von denen du einen so hohen Begriff hast?"

Damokles nahm gerne das Anerbieten an. Hierauf befahl der König, daß ein königliches Bankett bereitet und ein vergoldeter Sitz für ihn hingestellt werden sollte, bedeckt mit reicher Stickerei, und Speisetische mit goldenen und silbernen Gefäßen von unermeßlichem Wert. Pagen von außerordentlicher Schönheit erhielten Befehl, ihm bei Tische aufzuwarten und seinen Befehlen mit der größten Bereitwilligkeit und der tiefsten Ehrerbietung (or Unterwürfigkeit) zu gehorchen. Weder Salben noch Blumenkränze noch reiche Wohlgerüche fehlten. Der Tisch war mit den ausgesuchtesten Leckerbissen aller Art beladen.

Damokles glaubte, er wäre unter den Göttern. Mitten in all diesem Glück sieht er von der Decke über seinem Haupt ein glänzendes Schwert herablassen (or daß man .. gl. Schw. herabließ), welches an einem einzigen Haar hing. Der Anblick des ihm so drohenden Verderbens machte seiner Freude und seinem Schwelgen ein Ende. Die Pracht seiner Aufwärter (or Bedienung) und der Glanz der silbernen Gefäße machten ihm kein Vergnügen mehr. Er fürchtet sich, seine Hand nach dem Tische auszustrecken. Er wirft den Kranz von Rosen weg. Er beeilt sich, seine gefährliche Stelle (or Lage) zu verlassen, und zuletzt bittet er den König, ihn in seine frühere, niedrige Stelle zurückzuversetzen, indem er keine Lust hätte, noch länger eine so schreckliche Art des Glückes zu genießen.

82. **Napoleon und der britische Matrose.**

Während die französischen Truppen in Boulogne gelagert waren (or lagerten), wurde die öffentliche Aufmerksamkeit durch den kühnen Fluchtversuch, welchen ein englischer Matrose machte, sehr (or in hohem Grad) erregt. Nachdem dieser Mensch aus dem Depot entflohen war und die Seeküste erreicht hatte, wo ein Wald ihm als Versteck diente, baute er mit keinem andern Werkzeug als einem Messer ein Boot ganz aus Baumrinde.

Wann (so oft) das Wetter schön war, stieg er auf einen Baum und schaute aus nach der englischen Flagge; und als er endlich einen britischen Kreuzer bemerkt hatte, lief er (or eilte er) mit seinem Boot auf dem Rücken an das Ufer und war im Begriff, sich in seinem gebrechlichen Schiffchen (or Fahrzeug) den Wellen anzuvertrauen, als er verfolgt, arretiert und mit Ketten beladen wurde.

Jedermann in der Armee (or dem Heer) war begierig, das Boot zu sehen, und als Napoleon von der Sache gehört hatte, schickte er nach dem Matrosen und verhörte ihn. „Sie müssen," sagte Napoleon, „ein großes Verlangen gehabt haben, Ihr Vaterland wieder zu sehen, da Sie sich entschließen konnten, sich in einer so gebrechlichen Barke auf die offene See zu wagen. Ich vermute, Sie haben ein Liebchen dort gelassen." — „Nein," sagte der Matrose, „aber eine arme kränkliche Mutter, die ich zu sehen verlangte (or wünschte)." — „Und Sie sollen sie sehen," sagte Napoleon, indem er zugleich Befehle gab, ihn in Freiheit zu setzen und ihm eine beträchtliche Summe Geld (or Geldes) für seine Mutter zu schenken, indem er bemerkte, daß diejenige eine gute Mutter sein müßte, welche einen so guten Sohn hätte.

83. **Bestrafter Geiz.**

Ein geiziger Kaufmann in der Türkei, welcher einen Beutel verloren hatte, der 200 Goldstücke enthielt, ließ ihn von dem öffentlichen Ausrufer ausschellen, indem er die Hälfte seines Inhalts demjenigen anbot, der ihn gefunden hätte und zurückbringen würde. Ein Matrose, der ihn aufgehoben hatte, ging zu dem Ausrufer und sagte ihm, er wäre in seinem Besitz, und daß er bereit wäre, ihn unter den vorgeschlagenen Bedingungen zurückzugeben; der Eigentümer, welcher auf diese Art (or so) erfahren hatte, wo sein Beutel war, dachte, er wollte ihn wieder zu bekommen suchen, ohne etwas zu verlieren. Er sagte also zu dem Matrosen, daß, wenn er die Belohnung zu erhalten wünschte, er auch einen wertvollen Smaragd zurückgeben müßte, der in dem Beutel gewesen wäre. Der Matrose erklärte, daß er nichts in dem Beutel gefunden habe, außer dem Geld, und weigerte sich, ihn ohne die Belohnung herauszugeben. Der Kaufmann ging und beklagte sich bei dem Kadi (or Richter), der den Matrosen zu erscheinen aufforderte und ihn fragte, warum er den Beutel, den er gefunden habe, zurückbehielte. — „Weil," antwortete er, „der Kaufmann eine Belohnung von 100 Goldstücken

versprochen hat, welche er jetzt zu geben sich weigert, unter dem
Vorwand, daß ein wertvoller Smaragd darin gewesen sei, und ich
schwöre bei Mohammed, daß in dem Beutel, den ich fand, nichts
als Gold war."

Der Kaufmann wurde dann aufgefordert, den Smaragd zu
beschreiben und zu erklären, wie er in seinen Besitz gekommen wäre.
Er that es, aber auf eine Weise, welche den Richter von seiner Un=
ehrlichkeit überzeugte, und er gab sogleich das folgende Urteil: Sie
haben einen Beutel verloren, der 200 Goldstücke und einen wert=
vollen Smaragd enthielt; der Matrose hat einen gefunden, der nur
200 Goldstücke enthält; deswegen kann es nicht der Ihrige sein;
Sie müssen also den Ihrigen wieder (or noch einmal) ausrufen
(or ausschellen) lassen mit einer Beschreibung des kostbaren Steines.
— „Sie," sagte der Richter zu dem Matrosen, „werden den Beutel
während vierzig Tagen behalten (or aufbewahren), ohne seinen In=
halt anzurühren, und wenn nach Umlauf dieser Zeit niemand einen
Anspruch darauf begründet haben wird, so mögen Sie ihn mit
Recht als den Ihrigen betrachten."

84. Pätus und Arria.

Unter der Regierung des röm. Kaisers Claudius war Arria,
die Gemahlin (or Frau) des Cäcinna Pätus ein berühmtes Vor=
bild (or Muster) der Großmut und ehelichen Liebe.

Es geschah, daß ihr Mann und ihr Sohn beide zu gleicher
Zeit von einer gefährlichen Krankheit befallen wurden. Der Sohn
starb. Er war ein Jüngling, ausgestattet mit jeder Eigenschaft des
Körpers und Geistes, welche ihn seinen Eltern teuer machen konnte.
Das Herz der Mutter war von Kummer zerrissen, doch beschloß
sie, das traurige Ereignis ihrem Mann (or Gemahl) zu verbergen.
Sie bereitete und leitete sein Begräbnis so geheim, daß Pätus
seinen Tod nicht erfuhr. So oft sie in ihres Mannes Schlaf=
zimmer kam, behauptete sie, daß ihr Sohn besser wäre (or sich be=
fände) und so oft er sich nach seinem Befinden (Gesundheit) er=
kundigte, pflegte sie zu antworten, daß er gut geschlafen oder mit
Appetit gegessen hätte. Wenn sie fand, daß sie ihren Kummer nicht
länger mehr zurückhalten konnte und daß ihre Thränen zu fließen
begannen, pflegte sie das Zimmer zu verlassen (or verließ sie das
Zimmer), und nachdem sie ihrem Schmerz freien Lauf gelassen hatte,
kehrte sie wieder mit trockenen Augen und einem heitern Gesicht
zurück, als wenn sie ihren Kummer hinter sich an der Thüre des
Zimmers gelassen hätte. Als Camillus Scribonianus, der Statt=
halter von Dalmatien, die Waffen gegen Claudius ergriffen hatte,
verband sich Pätus mit seiner Partei und wurde bald zum Ge=
fangenen gemacht und nach Rom gebracht. Als die Wächter im
Begriff waren, ihn auf das Schiff zu bringen, bat sie Arria
dringend, daß man ihr erlauben möchte, mit ihm zu gehen. „Ge=
wiß," sagte sie, „könnt ihr einem Mann von konsularischem Rang

(or Würde) wie er ist, einige Diener nicht verweigern, um ihn zu bedienen, aber wenn ihr mich mitnehmen wollt, will ich allein ihren Dienst verrichten." Diese Gunst wurde jedoch abgeschlagen, worauf sie ein kleines Fischerboot mietete und kühn dem Schiff zu folgen wagte.

85. Fortsetzung.

Nach Rom zurückgekehrt, begegnete Arria der Gemahlin des Scribonianus in dem Palast des Kaisers, welche sie drängte (or in sie drang), alles zu entdecken, was sie von dem Aufstande wußte. „Was!" sagte sie, „soll ich deinem Rate folgen, die du deinen Mann (or Gemahl) in deinen Armen ermorden sahest und doch ihn überlebtest?" Nachdem Pätus zum Tod verurteilt worden war, faßte Arria einen überlegten Entschluß, sein Schicksal zu teilen, und machte kein Geheimnis aus ihrer Absicht. Als Thrasea, welcher ihre Tochter geheiratet hatte, versuchte, ihr von ihrem Vorhaben abzuraten, sagte er unter andern Gründen, welche er gebrauchte (or anführte), zu ihr: „Würdest du denn, wenn mir das Leben genommen werden sollte, deiner Tochter raten, mit mir zu sterben?" „Ganz gewiß würde ich das thun," erwiderte sie, „wenn sie so lange und in so großer Eintracht mit dir gelebt hätte als ich mit Pätus." Indem sie auf ihrem Entschluß beharrte, fand sie Mittel, sich mit einem Dolch zu versehen, und eines Tages, als sie eine ungewöhnliche Düsterkeit auf dem Gesichte des Pätus beobachtete und bemerkte, daß der Tod durch die Hand des Henkers ihm schrecklicher erschien als auf dem Felde des Ruhmes, vielleicht auch im Gefühl, daß er hauptsächlich um ihretwillen zu leben wünschte, zog sie den Dolch von ihrer Seite und erstach sich vor seinen Augen. Dann zog sie gleich die Waffe aus ihrer Brust heraus und überreichte sie ihrem Mann mit den Worten: „Mein Pätus, es ist nicht schmerzlich (or es thut nicht weh)." Plinius.

86. (87.) Ursprung des Kaminfegerfestes in London.

Es wurde früher in London am ersten Mai jedes Jahres ein prächtiges Fest den Kaminfegern der Hauptstadt gegeben und zwar in Montagu-Haus, Cavendish-Square, dem Wohnhaus der Familie Montagu in der Stadt. Diese Sitte soll ihren Ursprung aus den folgenden Umständen genommen haben (or entstanden sein).

Als Lady Montagu, wie gewöhnlich, im Sommer auf ihrem Landsitz war, pflegte sie ihren kleinen Knaben Eduard jeden Tag mit dem Bedienten auf den Spaziergang zu schicken, welcher strenge Befehle hatte, ihn nie aus den Augen zu verlieren. Eines Tages jedoch begegnete der Bediente einem alten Bekannten, ging in ein Bierhaus, um zu trinken, und ließ den kleinen Knaben allein herumlaufen. Nachdem der Bediente einige Zeit beim Trinken geblieben war, kam er heraus, um nach dem Kinde zu sehen, um ihn zum Mittagessen nach Hause zu führen, aber er konnte ihn nicht finden.

Er wanderte bis zum Abend herum, indem er an jeder Hütte und an jedem Haus nachfragte (or sich erkundigte), aber umsonst, kein Eduard konnte gefunden werden. Die arme Mutter war, wie man sich leicht denken kann, in der größten Angst über die Abwesenheit ihres lieben Kindes, aber es wäre unmöglich, ihren Kummer und ihre Verzweiflung zu beschreiben, als der Bediente zurückkehrte und ihr sagte, daß er nicht wüßte, was aus ihm geworden wäre. Leute wurden ausgeschickt, um ihn in allen Richtungen zu suchen; Anzeigen wurden in alle Zeitungen eingerückt, Plakate (or Zettel) wurden in London und in den meisten großen Städten Englands angeklebt, welche jedem, der ihn zurückbringen oder Nachrichten von ihm geben würde, eine bedeutende Belohnung anboten (or versprachen). Alle Bemühungen waren jedoch fruchtlos, und es wurde geschlossen (or man schloß), daß das arme Kind (d. a. Knabe) in irgend einen Teich gefallen sei, oder daß es (er) von Zigeunern gestohlen worden wäre, welche es (ihn) nicht zurückbringen wollten aus Furcht, gestraft zu werden.

87. Fortsetzung.

Lady Montagu verbrachte drei lange Jahre in dieser jammervollen Ungewißheit; sie kehrte nicht wie gewöhnlich im Winter nach London zurück, sondern brachte ihre Zeit in Kummer und Einsamkeit auf dem Lande zu. Endlich heiratete eine ihrer Schwestern, und nach vielen Weigerungen willigte Lady Montagu ein, bei dieser Gelegenheit einen Ball und ein Abendessen in ihrem Stadthause zu geben. Sie kam nach London, um die Vorbereitungen zu überwachen, und während das Abendessen zubereitet wurde, wurde das ganze Haus durch einen Ruf „Feuer" in Schrecken gesetzt.

Es scheint, daß einer von den Köchen eine Pfanne umgeworfen und das Kamin in Brand gesteckt hatte. Man schickte nach den Kaminfegern (or man ließ die K. holen), und ein kleiner Knabe wurde hinaufgeschickt; aber der Rauch erstickte ihn beinahe und er fiel auf den Herd. Lady Montagu kam selbst mit Essig und einem Riechfläschchen; sie begann (or fing an), seine Schläfe und seinen Hals zu waschen, als sie plötzlich ausrief: „Ach! Eduard," und fiel besinnungslos auf den Boden. Sie erholte sich bald, nahm den kleinen Kaminfeger in ihre Arme, drückte ihn an ihre Brust und rief: „Es ist mein lieber Eduard! es ist mein verlorener Knabe!"

Es scheint, sie hatte ihn an einem Male auf seinem Hals erkannt. Als der Kaminfegermeister gefragt wurde, woher er den Knaben bekommen hätte, sagte er, er habe ihn ungefähr ein Jahr vorher von einer Zigeunerin gekauft, welche sagte, daß er ihr Sohn wäre. Alles, an was (dessen) der Knabe sich erinnern konnte, war, daß einige Leute ihm Obst gegeben und ihm gesagt hätten, sie wollten ihn zu seiner Mama nach Hause führen; aber sie führten ihn weit fort auf einem Esel, und nachdem sie ihn eine Zeit lang behalten hatten, sagten sie ihm, er müßte fortgehen und bei einem

Kaminfeger leben, der sein Vater wäre; sie hätten ihn so sehr geschlagen, so oft er von seiner Mama und von seinem schönen Hause sprach, daß er sich fast fürchtete, daran zu denken. Aber er sagte, sein Meister, der Kaminfeger, hätte ihn sehr gut behandelt. Lady Montagu belohnte den Mann reichlich, und von der Zeit an gab sie allen Kaminfegern der Hauptstadt ein Fest am ersten Mai, dem Geburtstag des kleinen Eduard, welcher immer den Vorsitz an dem Tische führte (or präsidierte), der mit der guten, alt-englischen Kost, gebratenem Ochsenfleisch, Plumpudding und starkem Bier beladen war.

Dieser Vorfall geschah vor vielen, vielen Jahren, und Lady M. und Eduard sind beide tot; aber der 1. Mai wird noch jetzt als das Kaminfegerfest gefeiert, und man kann sie an diesem Tage in allen Teilen Londons sehen, wie sie geschmückt mit Bändern und allen Arten von Putz vor fast jeder Thüre zur Musik tanzen und mit den Werkzeugen ihres Handwerks den Takt dazu schlagen.

88. Gedächtnis.

Als Voltaire am Hofe Friedrichs des Großen lebte (wohnte), soll ein Engländer in Berlin angekommen sein; er hatte ein so außerordentliches Gedächtnis, daß er einen langen Aufsatz wiederholen konnte, ohne ein Wort zu verfehlen, wenn er ihm einmal vorgelesen wurde. Der König hatte die Neugier, ihn auf die Probe zu stellen, und der Herr übertraf alles, was von seinen Leistungen gesagt worden war.

Um diese Zeit benachrichtigte Voltaire seine Majestät, daß er eben ein Gedicht vollendet hätte, welches er mit seiner Erlaubnis ihm vorlesen wollte. Der König gab seine Einwilligung und beschloß sogleich, auf Kosten des Dichters sich zu belustigen. Er ließ den Engländer hinter eine spanische Wand stellen und bat ihn, besonders acht zu geben auf das, was Voltaire im Begriff wäre vorzulesen. Der Verfasser kam und las sein Gedicht mit großem Nachdruck (Pathos) vor, in der Hoffnung, den warmen Beifall des Königs zu erlangen. Aber zu seinem großen Erstaunen schien der Monarch ganz gleichgültig während der ganzen Zeit, als (or zu welcher) er las.

Als das Gedicht beendigt war, bat Voltaire um die Meinung seiner Majestät darüber und erhielt zur Antwort, daß er neuerdings bemerkte, daß Herr Voltaire die Werke andrer sich aneignete und sie vor der Welt als seine eignen ausgäbe; er wüßte, daß dieses bei dem gegenwärtigen Umstand der Fall wäre, da er dasselbe Gedicht schon einmal gehört hätte, und daß er deswegen nur sehr unzufrieden sein könnte über die Täuschung, welche man versuchte ihm aufzubringen. Der Franzose war höchst erstaunt und beklagte sich, wie schrecklich man ihn verunglimpfte, da er eben den Tag vorher das Gedicht geendigt hätte. — „Gut denn!" sagte der König, „wir wollen die Sache der Probe unterwerfen." Hierauf rief er den Engländer vor und ersuchte ihn, die Verse, deren Verfasser Herr Voltaire zu sein behauptete, zu wiederholen.

Der Engländer recitierte nach einer kleinen Pause und mit großer Ruhe das ganze Gedicht, ohne ein einziges Wort auszulassen. „Nun," sagte der König, „müssen Sie nicht gestehen, daß meine Beschuldigung gerecht ist?"

„Himmel!" rief der Dichter aus, „was habe ich gethan, um dieses Unrecht zu verdienen? Hier muß Zauberei angewendet (gebraucht) sein, um mich meines Rufes zu berauben und mich in Verzweiflung zu bringen."

Der König lachte herzlich, als er den Dichter in einer solchen Wut sah, und nachdem er hinlänglich über seinen Zorn gescherzt hatte, erzählte er ihm das Kunststück, welches angewendet worden war, und belohnte den Engländer reichlich für die Unterhaltung, die er ihm verschafft hatte.

89. **Unglücksfall im Palast des Fürsten Schwarzenberg in Paris.**

Bei der Hochzeit Napoleons und Marie-Luisens gab der Fürst Schwarzenberg ein glänzendes Fest zu Ehren seines Herrn, des Kaisers von Österreich, des Vaters der königlichen Braut. Zu diesem Zweck ließ er in dem Garten seines Palastes, an der Chaussee d'Antin, eine Art Halle erbauen. In der Mitte des Festes fingen die Vorhänge Feuer, und in einem Augenblick stand das ganze Zimmer in Flammen. Napoleon nahm seine Gemahlin in seine Arme und zog sich mit dem Fürsten Schwarzenberg in eine kurze Entfernung zurück. Marie Luise kehrte nach St. Cloud zurück, und Napoleon blieb in dem Garten bis zum Morgen.

Das Gebäude wurde gänzlich verzehrt, und die Schwägerin des Fürsten Schwarzenberg, welche aus der Halle entkommen, aber wegen eines ihrer Kinder beunruhigt war, war wieder hineingetreten, als sie bei dem Bemühen durch eine kleine Thüre, die in das Innere des Palastes führte, zurückzukehren, erstickt und beinahe ganz von den Flammen verbrannt wurde. Große Sorge und Unruhe zeigte sich während der Nacht über ihr Schicksal, bis am Morgen ihre Überreste unter den Ruinen entdeckt wurden. Der Fürst Kouratin, der russische Gesandte, wurde auch schwer verbrannt, und ungefähr zwanzig Damen und Herrn fielen diesem entsetzlichen Unglücksfall zum Opfer (or als Opfer dieses .. Unglücksfalles).

Alle diejenigen, welche im Jahre 1771 Zeugen des Festes gewesen waren, das bei Gelegenheit der Heirat zwischen Ludwig XVI. und Marie Antoinette von der Stadt Paris gegeben wurde, wurden an das unglückliche Ereignis erinnert, welches in den Champs Elysées und auf dem Platz Louis XV. stattfand, wo beinahe 2000 Personen umkamen, und sahen ein trauriges Omen in der gegenwärtigen Veranlassung.

Obgleich Napoleon nicht abergläubisch gewesen sein soll, wurde er doch sehr dadurch ergriffen, und lange nachher, am Morgen

vor der Schlacht bei Dresden, als man ihn benachrichtigte, daß der
Fürst Schwarzenberg getötet worden sei, sagte er: „Er war ein
tapferer Mann, aber dessenungeachtet liegt etwas Tröstendes in die=
sem Todesfall. Also gegen i h n war damals das verhängnisvolle
Omen gerichtet, welches bei jenem Ball am Hochzeitstage vorkam.
W i r sind davor sichergestellt (or haben nichts mehr davon zu
fürchten)."

Zwei Stunden nachher jedoch wurde er benachrichtigt, daß
Moreau, nicht Schwarzenberg, getötet worden war.

90. Bestrafter Undank und Geiz.

Als ein Herr, welcher durch Sorgfalt und Fleiß im Handel
ein bedeutendes Vermögen erworben hatte, sich in einem vorgerück=
ten Alter befand, wünschte er, den Lärm der Geschäfte zu verlassen
und den Rest seiner Tage in Ruhe zuzubringen. Er hatte einen,
kürzlich verheirateten Sohn, den er als Teilnehmer (Associé) an=
genommen hatte, und er gab ihm jetzt das ganze Geschäft und
den Warenvorrat (or das Kapital). Der Sohn und seine Frau
drückten ihre Dankbarkeit für seine Güte aus und versicherten ihn,
daß es ihre größte Sorgfalt sein werde, ihn glücklich zu machen.

Während einiger Zeit fand sich der alte Herr sehr behaglich
bei seinem Sohn und seiner Schwiegertochter und hoffte, daß seine
weltlichen Sorgen vorüber sein würden. Endlich jedoch fing er an,
eine kleine Unaufmerksamkeit zu bemerken, welche allmählich bis zu
einer gänzlichen Vernachlässigung sich steigerte. Verletzt durch solche
gemeine Undankbarkeit, teilte er seine Betrübnis einem seiner alten
Freunde mit, der ihn tröstete, indem er ihn versicherte, daß er bald
die gewöhnliche Aufmerksamkeit von seinen Kindern empfangen sollte,
wenn er seinem Rate folgen würde. „Was wollen Sie, daß ich
thue," sagte der alte Herr. — „Sie müssen mir 500 Pfund St.
leihen, und es muß in Gegenwart Ihres Sohnes geschehen (or ge=
than werden)." — „500 Pfund! Ich habe nicht so viele Schillinge
zu meiner Verfügung." — „Das thut nichts," erwiderte der
Freund, „ich will sie Ihnen liefern (or Sie damit versehen), kommen
Sie mit mir." — Er gab ihm die Summe und setzte den nächsten
Tag zu dem Versuche fest.

Er besuchte ihn morgens um die Frühstückszeit und sagte ihm
vor seinem Sohn und seiner Tochter, daß er eine gute Gelegenheit
hätte, eine vortreffliche Spekulation zu machen, aber daß er Mangel
an barem Gelde habe. — „Das soll kein Hindernis sein," sagte
der alte Herr, „wieviel brauchen Sie?" — „Ungefähr 500 Pfund,"
erwiderte er. — „O, wenn das alles ist, steht es zu Ihrem Dienst
und zweimal die Summe, wenn nötig." — Der alte Herr ging
an sein Pult, zählte das Geld vor und sagte seinem Freund, er
sollte sich zur Bezahlung Zeit nehmen (or er sollte es nach Be=
lieben zurückbezahlen). Der Sohn und seine Frau konnten nur
schwer (or mit Mühe) ihr Erstaunen verbergen. Als sie sahen (wie

sie glaubten), daß ihr Vater eine bedeutende Summe Geld zurück=
behalten hätte, änderte sich ihr Betragen, und von dem Tage an
bis zu seinem Tode hatte der alte Herr keinen Grund, über Mangel
an Aufmerksamkeit zu klagen.

Er starb einige Jahre nachher, nachdem er vorher sein Testa=
ment gemacht hatte, welches er in die Hände seines alten Freundes
niederlegte. Es ist Sitte in England, an dem Tage des Begräb=
nisses das Testament des Verstorbenen in Gegenwart der Familie
zu lesen. Es wurde geöffnet und gelesen; der Sohn und die Toch=
ter hörten mit großer Aufmerksamkeit und hoffnungsvoller Ängst=
lichkeit zu. Urteilen Sie, welches ihr Erstaunen war, als sie fanden,
daß das ganze Vermächtnis, welches ihr Vater ihnen hinterlassen
hatte, ein Rezept war, wie man undankbare Kinder belohnt.

Letters.

Introduction.

Before entering upon the translation of any letter into
the German idiom, it will be necessary to make a few remarks as to the German mode of address in Epistolary correspondence; that is: Whether by Du, Dir, etc. which is the
familiar or simple style; or by Sie, Ihnen, etc., the formal
or ceremonial style.

In the general affairs of life the first advice to be given
to a foreigner as to modes of address in writing letters or in
ordinary conversation, is the following:

I. Whenever in doubt about the correct mode of address,
always without hesitation choose the 'ceremonial' form:
Sie, Ihnen, etc.; untill thoroughly initiated into german customs this will in all cases be the best.

II. If on the other hand it is desired to write and speak
idiomatically correct, and to use such terms as the Germans use, or would use themselves; it will be necessary to observe the three following very simple rules:

1. Always use the simple or familiar Du, Dir,
etc. whenever the persons concerned are on
terms of familiarity, or intimacy, whether it
is by friendship or relationship — this is why
it is called the *simple* or *familiar* style of address.

2. Whenever there is no real intimacy existing,
the other style of address must be adopted
(Sie, Ihnen, etc.). This because there is no familiarity
or relationship existing, is termed the *polite*, or better,
the *formal* or *ceremonial* style of addressing.

3. In epistolary correspondence all personal pronouns, whether in the familiar or the ceremonial forms, must always be written with *capital initials*.

The first and second of these rules, though in themselves theoretically very clear and simple, may still require some further remarks in order to prevent mistakes. For, the choice of either one or the other form of address, according to the degree of familiarity existing, depends entirely on national customs and usages.

These customs and usages therefore, as far as the above rules are concerned, must be explained as well as possible to the foreigner; this will be best done, by giving practical examples, illustrating and defining these theoretical rules.

a. Suppose a correspondence to be opened between *cousins*, as in No. 1 of the following letters. In this case it may be just as right and idiomatical to write Sie, Ihnen, etc. as Du, Dir, etc. because using one or the other style, depends on the degree of familiarity existing between them: If they know each other well, if there is an intimate personal friendship between them, if they are of the same age; they will be sure to address each other by the **familiar** style; if on the contrary, they will address each other in the **ceremonial** style.

b. In many cases a *nephew*, as in No. 3, will adress his uncle by Sie, Ihnen, etc., presuming there is not an exceeding degree of mutual familiarity between them. The **nephew** as the **younger person**, and out of **respect** due to his the elder relation, must not, as a rule, encroach upon this by adopting the familiar style, without distinct and formal **permission from the uncle**.

At least in many, especially in noble families, this is considered as a rule of politeness, whilst in simpler families of the "bourgeoisie", in all cases of known and acknowledged relationship, the **familiar** style, even by the younger persons, may at once be adopted.

c. On the other hand the *uncle*, be it in noble or in other families, will never in ordinary cases address his nephew otherwise than by the familiar form. (comp. No. 2.)

d. Between *parents* and *children*, *brothers* and *sisters*, in short *the members of a family* in all classes of society in Germany, even in Princely families, the **familiar** style of address is now universally adopted.

In **ceremonial documents of a public and political nature**, of course, the ceremonial form of address in our Princely families is still used, as it has always been, even between members of the same family.

e. Between *friends*, if real and intimate friends, the **familiar** style of address can only be the right one. But sometimes you call a person your "friend", or even your "dear friend" more by way of politeness, than by right of familiarity.

In such cases the **polite** or **ceremonial** way of addressing is not only the right one, but the **only one admissible**. The reason is, that the other one — the **familiar style of address, supposes previous permission from the person addressed, and an absolute agreement between the two parties, mutually to adopt the** *familiar* **style of addressing each other, instead of the ceremonial one.** This is called „𝔅ruberſchaft" or „Schweſterſchaft ſchließen" (literally translated — "to conclude or agree, brothership or sistership").

f. It may be sometimes thought necessary or convenient to use the **ceremonial** form of address even between children and parents, if for instance a *stepfather* or *stepmother* be addressed, or if a **disgraced son** (as in No. 13) writes to his **offended father**.

g. Also in cases of *translation* — if a letter between parents and children were to be translated, which dated backwards to times when *other customs* prevailed, say as in the times of Frederick the Great of Prussia, or even dating from the beginning to the middle of this century, if concerning noble or princely families.

h. Or if the letter translated concerns persons of *such foreign nations*, amongst whom only *one* form of addressing each other is used by every body, as in the letter by Lord Byron to his mother (No. 11). It is presumed that the translator wishes, as is the custom, to keep as much as possible to the type of the original, and not to transform it into the german type, by adopting its idiomatic way of addressing.

i. On the contrary it would be completely **ridiculous**, when translating into German, to make *ancient Romans and Greeks*, or ancient and modern *barbarians* of uncultivated, wild and savage nations, address each other in the **polite and ceremonial** forms of our modern refined tastes and customs.

j. In *business affairs*, if there be not by chance some private familiarity or intimacy between the corresponding parties, the **ceremonial** form is always solely and exclusively used, in short, as rules No. 1 and No. 2 state, every body with whom you are not on terms of private and acknowledged intimacy must be addressed in the ceremonial form, whether the person addressed be your superior or inferior in rank or social status, or not.

k. Even *servants* are now, at least in towns and cities, always addressed in the ceremonial form.

Any *labourer*, nay even the *beggar* who applies to you for an alms, is by right of present custom, entitled to be addressed in the **ceremonial** form, and not in the familiar one.

l. *Children*, up to the age of ten or eleven or even older, if one is acquainted with their parents, are usually addressed by the **familiar** form. But it would not be a **mistake** to address them in the ceremonial form, it is only less customary to do so.

Further explanations about
1. The direction or address outside on a letter.
2. The address to commence a letter.
3. The salutation in ending a letter.
4. And how to address a person in ordinary conversation, as to the **title** and **rank** he is entitled to in the different degrees of Nobility, Officers in the army, Civil officers, Professors, Doctors, etc. etc. —

must be sought and will be found either in **special works about Epistolary Correspondence**, such as Rammler, Leipzig 1871, Kiesewetter, Glogau 1872, Campe, Quedlinburg 1874, and others, or in **special works about German Conversation**, such as *Dr. E. Otto, German Conversations*, Heidelberg, Jul. Groos, and many others.

Briefe.

1.
Bei der Rückgabe einiger Bücher.

Lieber Vetter!   Montag morgens.

Ich schicke Ihnen (Dir) die Bücher, welche Sie so gut waren (Du so gut warst), mir zu leihen, und ich danke Ihnen (Dir) sehr für die Unterhaltung, welche sie mir gewährt haben. Ich hoffe, ich habe Sie (Dich) in keine Verlegenheit gebracht, dadurch, daß ich sie so lange behalten habe. Aber ich versichere Sie (Dich), es steht Ihnen (Dir) frei, mit jedem der meinigen das nämliche zu thun, und um Ihnen (Dir) eine Gelegenheit zu geben, schicke ich Ihnen (Dir) einige, von denen ich glaube, daß sie Sie (Dich) interessieren werden; behalten Sie sie (behalte sie) (or dieselben) so lange als es Ihnen (Dir) gefällt.

Adieu (Leben Sie or Lebe wohl), empfehlen Sie (empfiehl) mich meiner Tante.   Ihr (Dein) treu ergebener
J. B.

2.
Von einem Onkel an seinen Neffen.

London, den 6. Mai 1865.

Mein lieber Neffe!

Da ich gehört habe, daß Du in Deinen Studien sehr fleißig bist, und daß Du große Fortschritte machst, so schicke ich Dir ein kleines Geschenk als eine Belohnung für Deine Ausdauer. Es ist eine Sammlung von Ch.'s Briefen, hübsch eingebunden; aber nicht auf den Einband wünsche ich Deine Aufmerksamkeit zu lenken; der Inhalt des Buches, mein lieber Neffe, ist es, was ich Deiner Aufmerksamkeit am stärksten (bestens) empfehle.

Lies, studiere und bringe die Vorschriften in Ausübung, welche Du darin findest, und Du wirst ein guter Mann, eine Zierde der

Gesellschaft und ein nachahmungswertes Muster für die Menschheit werden. Ich schenke Dir das Buch in dem vollen Vertrauen, daß Du Nutzen daraus ziehen wirst, und daß Du es als einen weitern Beweis empfangen wirst, daß ich immer bin (verbleibe)
   Dein Dich liebender   Onkel.

3.
Mein lieber Onkel!

Glauben Sie mir*), ich fühle mich sehr geschmeichelt und geehrt durch Ihre gütige Aufmerksamkeit, und ich bin entzückt von dem kostbaren Geschenk, welches Sie mir geschickt haben.

Ich bin glücklich, Ihre Achtung verdient zu haben und will mich bemühen, Sie zu überzeugen, wie sehr ich wünsche, Ihrem Rat zu folgen, dadurch, daß ich die schätzbaren Vorschriften aufmerksam durchlese und gewissenhaft befolge, welche Lord Ch. der britischen Jugend hinterlassen hat.

Adieu, mein lieber Onkel, empfangen Sie meinen besten Dank. Ich verbleibe   Ihr Sie liebender Neffe
                Karl R.

4.
Werter Herr!

Ein junger Freund von mir, Herr Williams, ist im Begriff auf ein Jahr nach London zu gehen, um sich im Zeichnen und Malen zu vervollkommnen, wofür er viel Talent hat. Ich glaube, er wird sich als einen angenehmen Zuwachs in dem Kreise Ihrer Bekanntschaft erweisen, da er ein junger Mann von guter Bildung und angenehmen Manieren ist. Er ist ganz fremd in London, und wenn sich eine Gelegenheit zeigen sollte, seine Kunst auf eine vorteilhafte (or nutzenbringende) Weise auszuüben (or in Anwendung zu bringen), so würden Sie mich sehr verbinden, wenn Sie seine Absichten befördern; denn, obgleich er hinsichtlich seiner Verbindungen und seiner Familie höchst achtbar ist, so zwingen ihn doch einige neulich vorgekommene Unglücksfälle, welche letztere betroffen haben, sich auf die Erzeugnisse seines Pinsels, als ein Mittel seines Unterhalts, zu verlassen. Ich habe ihm einen Brief an Sie mitgegeben, den er Ihnen bei seiner Ankunft übergeben wird, und ich zweifle nicht, daß jede ihm erwiesene Gunst sich reichlich rechtfertigen wird, nicht bloß durch seine Verdienste in seinem Berufe, sondern auch durch das Vergnügen, das seine Bekanntschaft Ihnen gewähren wird. Ich bleibe, werter Herr,
      Ihr dankbarer und aufrichtiger Freund
        Mathäus Smith.

5.
Lieber Richard!   Paris.

In Folge der allgemeinen Flauheit hier und einiger schweren Verluste, die mein Vater kürzlich erlitten hat, habe ich beschlossen,

---

*) Instead of the ceremonial form the translator may as well choose the familiar form.

eine Stelle zu suchen und mich zu bemühen, für mich selbst zu sorgen. Da ich weiß, daß Du in London soviel in Gesellschaft kommst, hielt ich es für wahrscheinlich, daß Du von etwas hören könntest, welches für mich paßte. Ich will Dir meine Ansicht über die Sache sagen.

Du weißt, daß ich immer die Bücher meines Vaters geführt habe, wodurch ich viele nützliche Kenntnisse erworben habe. Ich habe auch zwei Jahre lang englisch studiert und beträchtliche Fortschritte gemacht. Wenn es nun möglich wäre, eine Stelle in einem englischen Kontor zu bekommen (or zu erlangen), würde ich gern während des ersten Jahres meine Dienste gegen Kost und Wohnung leisten. Ich würde natürlich ein Haus vorziehen, welches französische Korrespondenz hat, da ich im stande wäre, diesen Zweig (dieses Fach) ganz zu besorgen.

Ich habe meinem Vater meine Absicht (or meinen Plan) noch nicht mitgeteilt, weil ich weiß, daß er mich lieber zu Hause behalten würde; aber er hat eine große (or zahlreiche) Familie zu ernähren, und ich wünsche, seine Last zu erleichtern; überdies ist mein Bruder Wilhelm jetzt fähig, meine Stelle einzunehmen. Wenn Du schreibst, adressiere an mich poste restante, da ich es meinem Vater nicht früher mitteilen werde, als bis ich etwas erlangt habe.

Dein aufrichtiger Freund
Karl Olivier.

6.

Lieber Vater!

Die Furcht, bei Dir anzustoßen, und die Hoffnung, daß die Verhältnisse sich bessern würden, haben mich bisher abgehalten, mich an Dich zu wenden, in Ansehung meiner Stelle (or in Bezug auf meine Stelle) bei Herrn C. Ich bin jetzt seit zwei Jahren bei ihm, und es thut mir leid zu sagen, ohne viel Vorteil. Es ist wahr, man behandelt mich gut, soweit als es die Kost (or den Unterhalt) betrifft, aber ich bin überzeugt, daß ich mein Geschäft niemals gut genug lernen werde, um eine vorteilhaftere Stelle zu erlangen. Hr. C. ist häufig während 14 Tagen auswärts (or abwesend), indem er das Geschäft unter der Leitung seines Sohnes läßt, der wenig mehr (or nicht viel mehr) davon versteht als ich.

Ich glaube daher, lieber Vater, daß es schade ist, meine Zeit zu vergeuden (or zu verlieren), und ich würde Dir sehr dankbar sein, wenn du eine Gelegenheit ergreifen wolltest, mit Herrn C. darüber (or über die Sache) zu sprechen. Ich zweifle nicht, daß eine Stelle gefunden werden könnte (or sich finden ließe), welche sich in vielen Hinsichten als vorteilhafter erweisen würde, aber ich möchte womöglich vermeiden, meinem Prinzipal Anstoß zu geben (or bei meinem Prinzipal anzustoßen). Ich überlasse jedoch alles Deinem Urteil und Deiner Entscheidung, da ich vollkommen versichert bin, daß alles was Du thust zu meinem Besten sein (or gereichen) wird.

Lebe wohl, lieber Vater. Ich verbleibe
Dein gehorsamer und Dich liebender Sohn
Joseph Wilson.

7.
Auskunft über eine Reise nach London.

Lyon, den 3. Juni 1862

Geehrter Herr!

Eine Gelegenheit nach London zu reisen hat sich mir soeben dargeboten. Da Sie schon mehrere Male dort gewesen sind und ohne Zweifel mit den verschiedenen Arten des Reisens und des Aufenthalts dort bekannt sind, werde ich Ihnen für einen kleinen Rat über diese Dinge dankbar sein.

Ich habe vor (or ich gedenke), so sparsam als möglich zu sein, aber zu gleicher Zeit alles zu sehen, was ich kann. Ich werde mich vielleicht 6 Wochen oder 2 Monate aufhalten und möchte gerne wissen, in welchem Stadtteil es für mich am bequemsten (or passendsten) wäre zu logieren (or zu wohnen). Ich höre, daß es in L. Square und C. Garden viele möblierte Zimmer gibt; sagen Sie mir, was Sie davon halten (or denken). Vielleicht können Sie mir auch eine Idee geben, wieviel mich die Reise kosten wird, und ob ich mir lieber englisches Geld vor meiner Abreise verschaffen sollte. Ich möchte auch gern einige kleine (or unbedeutende) Geschenke mitnehmen für einige Freunde, an welche ich empfohlen bin.

Ich beabsichtige, in ungefähr einer Woche abzureisen; ich werde Ihnen daher für eine baldgefällige Antwort dankbar sein.

Nachschrift. Wenn ich Aufträge für Sie besorgen kann, so haben Sie nur zu befehlen.   Ihr getreuer N. N.

8.
Antwort.

Lyon, den 4. Juni 1862.

Mein lieber Freund!

Ich bin sehr glücklich, Ihnen dienen zu können, und ich schmeichle mir, daß Sie sich an niemand wenden konnten, der fähiger wäre, die nötige Auskunft zu geben.

Zuerst rate ich Ihnen, mit dem Postwagen nach Calais und dann mit dem Dampfschiff direkt nach London zu fahren. Es ist die beste Art aus mehreren Gründen; zuerst ist es die wohlfeilste, sodann vermeiden Sie die unangenehme Untersuchung Ihrer Koffer in Dover durch die Zollbeamten; es ist wahr, sie werden auch bei Ihrer Ankunft in London untersucht werden, aber es wird Ihnen nicht so viele Mühe machen. Ein andrer Grund warum ich Ihnen empfehle, direkt nach London zu gehen, ist die schöne Landschaft,

welche Sie auf jeder Seite jenes prächtigen Flusses (Themse) sehen
werden, auf welchem Sie 60 Meilen aufwärts fahren werden. Bei
Ihrer Ankunft in London rate ich Ihnen, eine Wohnung in einem
Privathaus zu nehmen, wo Sie mit der Familie essen (die Kost
haben) können; es wird Ihnen eine Gelegenheit geben, sich in der
Sprache zu vervollkommnen. In Beziehung auf das Geld ist die
beste Methode (das beste Mittel), sich einen Kreditbrief zu ver=
schaffen; und was Ihre Geschenke betrifft, wenn sie (dieselben) für
Damen sind, können Sie nichts Angenehmeres anbieten als Spitzen
oder Handschuhe.

Wenn Sie weitere Auskunft wünschen, bemühen Sie sich, mich
vor Ihrer Abreise zu besuchen, und ich will Ihnen alle geben, die
ich kann. Ihr ergebenster.

Nachschrift. Ich öffne meinen Brief, um beizufügen, daß
ich eben einen Freund gesehen habe, der im Begriff ist, nach Lon=
don zu gehen, und der glücklich sein wird, Sie zu begleiten; er
kann jedoch keinen Tag für seine Abreise festsetzen, da er noch die
Ankunft von Briefen aus Bordeaux erwartet.

Wenn Ihre Geschäfte nicht dringend sind, glaube ich, Sie
würden wohl daran thun, auf ihn zu warten; Sie würden seine
Gesellschaft sehr wertvoll finden, da er nicht nur mit großer Leichtig=
keit englisch spricht, sondern auch mit London und mehreren Fami=
lien bekannt ist.

Er speist morgen mit mir, wenn Sie dasselbe thun können,
werden Sie eine Gelegenheit haben, seine Bekanntschaft zu machen;
wenn nicht, so lassen Sie mich so bald als möglich von Ihnen
hören.

9.
Madame! (or **Gnädige Frau!**)

Es thut mir äußerst leid, daß ich in der Notwendigkeit bin,
Ihnen eine unangenehme und betrübende Nachricht über Ihren Sohn
Wilhelm zu geben; er erkältete sich vor ungefähr 14 Tagen, und
ungeachtet jeder Aufmerksamkeit hat es sich verschlimmert und ein
heftiges Fieber herbeigeführt, unter welchem er jetzt schwer leidet.
Er hat den besten ärztlichen Rat, den man verschaffen kann, aber
es thut mir leid zu sagen, er (sein Befinden) wird täglich schlim=
mer, und der Arzt hat diesen Morgen erklärt, daß er in einem
gefährlichen Zustand ist (sich befindet). Nehmen Sie es, meine liebe
Madame (or Gnädige Frau), mir nicht übel, daß ich Sie nicht
früher benachrichtigt habe. Ich hoffte, es würde vorübergegangen
sein, und daß er wieder hergestellt (genesen) sein würde, ehe Sie
wüßten daß er krank war. Meine Hoffnungen sind jedoch getäuscht,
und ich bin gezwungen, Ihnen die betrübende Nachricht zu geben.

Ich erlaube mir Sie zu versichern, daß nichts vernachlässigt
worden ist, und daß er behandelt wird, wie wenn er mein eigner
Sohn wäre. Er wünscht sehr, Sie zu sehen und sagt, daß er
Ihnen etwas mitzuteilen hat. Wenn Sie kommen können, werden

wir Ihnen ein Zimmer einräumen, so lange als es Ihnen gefällt zu bleiben.

Der Doktor hat in diesem Augenblick noch einen Besuch gemacht und sagt, daß er eine günstige Veränderung seit diesem Morgen bemerkt. Wenn meine Hoffnungen nicht schon so oft getäuscht worden wären, würde ich diesen Brief nicht abschicken; meine Ängstlichkeit jedoch treibt mich, nicht länger zu zögern. Ich hoffe ernstlich (zuversichtlich), daß Sie ihn bei Ihrer Ankunft viel besser finden werden.

Ich verbleibe, Madame (or Gnädige Frau), hochachtungsvoll
Ihr ergebenster J. B.

10.
Über eine Reise nach Marseille.

Marseille, den 10. Mai.

Meine liebe Schwester!

Als ich Dir zuletzt schrieb, war ich auf dem Punkte nach Marseille abzureisen, wo ich vorgestern angekommen bin. Ich habe die Reise nicht so angenehm gefunden, als diejenige von Paris nach Lyon. Die Straßen sind äußerst staubig und das Land felsig und gebirgig; das Wetter jedoch ist schön, wiewohl ein wenig heiß.

Ich habe schon mehrere Besuche gemacht und einen großen Teil der Stadt gesehen, welche mir sehr wohl gefällt, besonders die sogenannte Neustadt; die Straßen sind ziemlich rein und gut gepflastert, die Hauptstraße ist elegant und führt gerade an den Hafen, welcher sehr geräumig (groß) und von Schiffen aller Nationen besucht ist.

Du wirst vielleicht fragen, wie ich mit diesen Dingen so gut bekannt sein kann, nach einem Aufenthalt von zwei Tagen; ich will es Dir sagen. Unser vortrefflicher Freund, Herr H., ist so gütig gewesen, mich in der Stadt herumzuführen und alles Sehenswürdige zu beschreiben; er hat mich auch eingeladen, am nächsten Sonntag mit seiner Familie in seinem Landhaus zu speisen.

Du sagst nicht in Deinem letzten Brief, ob Du ein kleines Päckchen erhalten hast, welches ich Dir von Lyon schickte; verfehle nicht, mich es in Deinem nächsten wissen zu lassen. Wenn es mir ferner in M. gefällt, werde ich einige Zeit bleiben; deswegen wird Dein nächster Brief mich höchst wahrscheinlich in Nr. 45 in der Beauveaustraße finden. Ich bitte, schicke mir alle Neuigkeiten, die Du kannst, und richte meine freundlichen Grüße unsern lieben Freunden aus. Lebe wohl, liebe Anna, empfange die besten Wünsche von
Deiner Dich liebenden Schwester.

11.
Von Lord Byron an seine Mutter.

Konstantinopel, den 18. Mai 1810.

Verehrte Frau Mutter!

Ich kam vor einigen Tagen in einer englischen Fregatte von Smyrna hier an, ohne erwähnenswerte Ereignisse, ausgenommen, daß wir landeten, um die Ebenen von Troja zu sehen, und nachher, als wir in den Dardanellen vor Anker lagen, daß ich von Sestos nach Abydos schwamm, um Herrn Leander nachzuahmen, dessen Geschichte Sie ohne Zweifel zu wohl (or gut) kennen, als daß ich etwas darüber beifügen müßte, außer daß ich über den Hellespont schwamm, ohne einen so guten Beweggrund (wie er) für die Unternehmung zu haben. Da ich im Begriff bin den Kapuda-Pascha zu besuchen, so werden Sie die Kürze meines Briefes entschuldigen.

Wenn Herr Adair Abschied nimmt, soll ich den Sultan und die Moscheen sehen, u. s. w.

Ich verbleibe stets der Ihrige.   Byron.

12.
Herr Sterne an Herrn Panchard.
Turin, den 15. November 1765.

Geehrter Herr!

Nach vielen Schwierigkeiten bin ich wohlbehalten hier angekommen, obschon ich acht Tage brauchte (or zubrachte), die Gebirge Savoyens zu passieren. Ich bin hier zehn Tage (lang) aufgehalten, da die ganze Gegend zwischen hier und Mailand unter Wasser steht durch unausgesetzte (or beständige) Regen(güsse); aber ich bin sehr glücklich und habe meinen Weg schon in ein Dutzend Häuser (or Familien) gefunden. Morgen soll ich dem König vorgestellt werden, und wenn die Zeremonie vorbei ist, werde ich meine (or alle) Hände voll Einladungen haben. Es sind keine Engländer hier, außer Sir James M., welcher viele Achtung findet, und Herrn O. Wir sind immer beisammen.

Meine besten (or freundlichen) Grüße an alle. Bitte, befördern Sie die Inlage.   Ihr ergebenster L. Sterne.

13.
Geehrter Herr Vater!

Nach den vielen Veranlassungen, welche ich Ihnen zum Mißvergnügen (or Ärger) gegeben habe, erlauben Sie mir, um Ihren Rat in einer Angelegenheit zu bitten, welche mein Leben entweder behaglich oder elend machen kann. Sie wissen, zu welcher niedrigen Ebbe meine Thorheiten und meine Verschwendung mich gebracht haben. Ihre großmütige Nachsicht hat Sie veranlaßt, Ihre Güte — zu meiner Beschämung sage ich es — über die Grenzen auszudehnen, welche die Klugheit und eine notwendige Rücksicht auf den Rest (or die übrigen Glieder) Ihrer Familie erlauben würden, deswegen kann ich auf keine weitere (or fernere) Unterstützung von Ihnen hoffen. Zu etwas muß ich mich jedoch entschließen, um einen Unterhalt zu verdienen, und mit dieser Absicht kann ich mich nur freuen über das Anerbieten, welches mir gestern von Herrn Rich, dem Direktor eines unsrer Theater, gemacht wurde. Er speiste zufällig bei meinem Onkel, als ich dort war. Nach dem

Mittagessen war der Gegenstand des Gesprächs die Kunst eines
Schauspielers (or die Schauspielkunst), worauf mein Onkel Ver=
anlassung nahm, die kleinen Anläufe (or Versuche) auf diesem Wege
zu erwähnen, womit ich mich in meinen heiteren Augenblicken be=
lustigt habe, und zwang mich teilweise, eine Probe von meinen
Fähigkeiten (or Geschicklichkeiten) zu geben. Es gefiel dem Herrn
Rich, seine Billigung meiner Haltung und meiner Stimme zu er=
klären, und als man ihm meine Umstände erzählte, bot er an, mich
sogleich zu engagieren, mit einem für den gegenwärtigen (or jetzi=
gen) Unterhalt genügenden Gehalt, und einer weitern Ermutigung,
wenn man finden würde, daß ich sie verdiene. Eine halbe Benefiz=
Vorstellung versprach er mir in der ersten Saison (im ersten Jahr),
welche, wie ich glaube, durch meine zahlreichen Bekannten ziemlich
gut ausfallen dürfte. Ich bin kein Freund von diesem (or solchem)
Leben, aber ich sehe kein andres Mittel, mich anständig durchzu=
bringen (or zu ernähren).

Ihre baldige Antwort, geehrter Herr Vater, wird stets dank=
bar angenommen werden von
    Ihrem gehorsamen, obschon unglücklichen, Sohn
        David Garrick.

14.
Maria Stuart an die Königin Elisabeth.

Madame!

Ich bin enttäuscht, ich hatte mich auf Ihre Gnade und Groß=
mut verlassen. Warum wollen Sie mich nicht sehen? Warum
werfen Sie mich in ein Gefängnis, anstatt mir einen Palast an=
zubieten? Warum habe ich mir Ihren Haß, statt Ihrer Freund=
schaft, zugezogen? Mit welchem Recht verurteilt mich Ihr Geheimer
Rat und Ihr Parlament zum Gefängnis und zu Ketten? Ver=
folgen Sie mich, Madame, weil mein Glaube von dem Ihrigen
verschieden ist und weil wir nicht Töchter derselben Kirche sind?
Ist das ein politischer Grund, warum ich Ihre Ungerechtigkeit er=
tragen muß? Indessen, Madame, wenn Sie keine Rücksicht auf
meinen Rang und auf mein Unglück nehmen, geruhen Sie wenig=
stens, einige Rücksicht für meine Lage zu haben ... Sie wünschen
mich zu schrecken, ich weiß es, und ich weiß warum! Wissen Sie
also, daß ich nichts fürchte. Elisabeth kennt Maria Stuarts Seelen=
größe noch nicht. Ich will unter der Trübsal schweigen, weil ich
zu meinem Troste (or um mich zu trösten) Einen habe, der Königs
reiche gibt und nimmt, der Throne aufrichtet und umstößt. Regie=
ren Sie, Elisabeth, regieren Sie in Frieden und Ruhm, aber ver=
gessen Sie nicht, mit Gerechtigkeit und Menschlichkeit zu regieren.

15.

Mein lieber Sohn!

Ein Wechsel von 90 Pfund Sterling wurde mir neulich ge=
bracht, welcher angeblich von Dir auf mich gezogen sein sollte. Ich

hatte anfangs Bedenken, ihn zu bezahlen, nicht wegen der Summe, sondern weil Du mir keinen Avis-Brief geschickt hattest, was in solchen Geschäften immer gethan wird; und noch mehr, weil ich nicht bemerkte, daß Du ihn unterschrieben hattest. Der Mensch, welcher ihn überreichte (or präsentierte) bat mich, noch einmal zu sehen, und sagte, daß ich Deinen Namen unten entdecken würde. Ich sah daher noch einmal hin und bemerkte, mit Hilfe meines Vergrößerungsglases, daß das, was ich zuerst nur für jemandes Handzeichen genommen hatte, wirklich Dein Name war, in der schlechtesten und kleinsten Handschrift (or Schrift) geschrieben, die ich je in meinem Leben gesehen habe. Ich kann nicht so schlecht schreiben, aber es war etwas wie dieses: Philipp Stanhope.

Indessen bezahlte ich den Wechsel aufs Geratewohl, obschon ich fast lieber das Geld verlieren wollte, als daß eine solche Handschrift die Deinige sein sollte. Wenn Du in solcher Schrift an das Ministerium schreiben würdest, so würde Dein Brief sogleich dem Entzifferer geschickt werden, wie wenn er Dinge von dem äußersten Geheimnis enthielte, die sich nicht eigneten, der gewöhnlichen Schrift anvertraut zu werden; wogegen (or während) ein Antiquar (or Altertumsforscher) es gewiß mit dem runischen, keltischen oder slavonischen Alphabet probieren würde, indem er nie vermuten würde, daß es eine moderne Schrift ist (or sei). Ich habe Dir oft gesagt, daß jeder Mensch, welcher den Gebrauch seiner Augen und seiner Hand hat, jede Handschrift schreiben kann, welche ihm gefällt (or welche er will).

Du wirst vielleicht sagen, daß, wenn Du so schlecht schreibst, es darum ist, weil du in der Eile bist, worauf ich antworte: „Warum bist Du jemals in Eile (or eilig)?" Ich gestehe, Deine Zeit ist viel in Anspruch genommen, und Du hast viele verschiedene Dinge zu thun; aber erinnere Dich, daß Du besser daran thun würdest, die Hälfte derselben (or von ihnen) gut zu thun, und die andre Hälfte ungethan zu lassen, als sie alle gleichgültig (or schlecht) zu thun. Ich hoffe, Du wirst mich nie wieder eine so schlechte Handschrift sehen lassen. In dieser Erwartung verbleibe ich

Dein Dich liebender (Vater)
Chesterfield.

16.
Lieber Vetter!

Ich bin gerade im Begriff, nach Wells abzureisen, und habe nicht Zeit, soviel über den Anlaß, worüber ich Dir jetzt schreibe, zu sagen, als ich wohl möchte.

Ich höre, daß Herr Dandy und Du in der letzten Zeit eine solche Vertrautheit geschlossen haben, daß Ihr fast niemals getrennt seid; und da ich weiß, daß seine Moral nicht die beste ist, noch seine Verhältnisse die glücklichsten sind, so fürchte ich, er wird, wenn er es noch nicht gethan hat, Dich einsehen lassen, daß er besser weiß, was er thut, indem er Deine Bekanntschaft sucht, als Du, indem Du die seinige unterhältst.

Ich bin weit entfernt zu wünschen (or von dem Wunsch), Dich in irgend einer notwendigen oder unschuldigen Freiheit zu beschränken, oder Dir hinsichtlich der Wahl eines Freundes zu viel vorzuschreiben; auch bin ich nicht dagegen, daß Du gegen Fremde freundlich bist, denn Deine Bekanntschaft mit diesem Herrn ist kaum einen Monat alt, (und doch bist Du so vertraut mit ihm, als ob Du ihn jahrelang gekannt hättest). Aber Du mußt nicht denken, daß jeder Mensch, dessen Unterhaltung angenehm ist, geeignet ist, sogleich als (ein) Freund behandelt zu werden. Von allen Freundschaften versprechen die voreilig geschlossenen die geringste Dauer und Befriedigung, da sie gewöhnlich aus einer (unedlen) Absicht auf der einen Seite, und Schwäche auf der andern Seite entstehen. Wahre Freundschaft muß die Wirkung langer und gegenseitiger Bekanntschaft und Achtung sein. Sie sollte als Bindemittel eine Gleichheit der Jahre, eine Ähnlichkeit der Sitten, und soviel als möglich eine Gleichheit der Verhältnisse und des Ranges haben.

Aber, im allgemeinen gesprochen, trägt eine übergroße Offenheit gegen einen Fremden gewöhnlich starke Anzeichen der Unbesonnenheit an sich und endigt nicht selten in Reue. Aus diesen Gründen empfehle ich Dir, auf Deiner Hut zu sein und vorsichtig in dieser neuen Verbindung vorzugehen (or zu verfahren). Herr D. hat Lebhaftigkeit und Witz (Humor) genug, um jedem leichtsinnigen Menschen zu gefallen; aber hätte ich mein Urteil über ihn abzugeben, so würde ich erklären, daß er passender für den Theetisch, als für das Arbeitszimmer ist. Er ist lebhaft, aber sehr oberflächlich, und behandelt alle ernsten Gegenstände mit einer Verachtung, die schlechten Gemütern nur zur natürlich ist. Ich kenne mehr als einen jungen Menschen, aus dessen guter Meinung (von ihm) er Nutzen gezogen, und die er weiser gemacht hat, als er sie fand, freilich (wiewohl) auf ihre Kosten.

Die Warnung, welche ich Dir hier gebe, ist die reine Wirkung meiner Erfahrung im Leben, einiger Kenntnisse von Deinem neuen Gesellschafter (or Kameraden) und meiner Liebe zu Dir. Der (Gebrauch), welchen Du von derselben (or davon) machst, wird zeigen, ob Du diese Rücksicht (or Teilnahme) verdienst von

Deinem Dich liebenden Verwandten
H. Chester.

17.
Dr. Johnson an Herrn Elphinstone.

Den 27. Juli 1778.

Gehrter Herr!

Nachdem ich selbst erduldet habe, was Sie jetzt leiden, kenne ich sehr gut das Gewicht Ihres Kummers, wie sehr Sie Trost be=

dürfen, und wie wenig Trost man geben kann. Ein Verlust wie der Ihrige zerfleischt den Geist (or die Seele) und bricht das ganze System von Vorsätzen und Hoffnungen. Er läßt eine traurige Leere im Leben, die nichts bietet (or gewährt), woran die Neigungen haften, oder worauf die Bestrebungen gerichtet werden können. Alles dieses habe ich erfahren, und es ist jetzt, bei dem Wechsel der Dinge, Ihre Reihe, es zu erfahren (or zu kennen). Aber in dem Stande menschlicher Wesen muß man einander verlieren. Wie groß würde die Erbärmlichkeit (or das Elend) des Lebens sein, wenn man nicht immer etwas in Aussicht hätte, (irgend) ein unveränderliches und unfehlbares Wesen, zu dessen Gnade (or Erbarmen) der Mensch seine Zuflucht nehmen muß!

Hier müssen wir ruhen. Das höchste Wesen ist das Gütigste (or Wohlwollendste). „Wir sollen uns nicht um die Toten grämen, wie Menschen ohne Hoffnung," weil wir wissen, daß sie in Seiner Hand sind. Wir haben in der That keine Zeit (Mußezeit), uns lange zu grämen, weil wir uns beeilen, ihnen zu folgen. Ihr Lebenslauf und der meinige sind von vielen Hindernissen unterbrochen worden, aber wir müssen demütig auf ein glückliches (or seliges) Ende hoffen. Ich verbleibe, geehrter Herr, u. s. w.

18.
Mein lieber Freund!

Ich erfahre (or höre), daß Sie die Gewohnheit haben, früh zu Bett zu gehen, und daß Sie nicht aufstehen, bis das Frühstück bereit ist. Ist das wahr? Ich kann es kaum glauben, weil ich dächte, daß Sie Ihre Zeit besser anzuwenden wissen.

Der Mensch lebt nur so lange, als er wach ist und etwas Nützliches thut. Wenn Sie zwölf Stunden von allen 24 wegschnarchen, so leben Sie nur die eine Hälfte Ihres Lebens, und von dem(jenigen), der das Alter von fünfzig erreicht, wovon er die eine Hälfte im Bett zugebracht hat, kann man nicht sagen, daß er mehr als 15 Jahre (wirklich) gelebt hat, weil er den Rest seiner Zeit mit Essen, Trinken, Spielen, Ankleiden und andern mehr oder weniger unnützen Dingen zugebracht hat.

Was können wir zur Rechtfertigung eines solches Mißbrauchs unsrer Zeit sagen?

Sie werden finden, daß sechs oder sieben Stunden von 24 ganz genügend (or hinreichend) sind, um Stärke für die Anstrengungen des folgenden Tages zu erlangen.

Je weniger Sie schlafen, desto länger leben Sie, und darin, daß Sie Ihre Zeit nützlich anwenden, besteht die große Kunst, das Leben zu verlängern.

Nehmen Sie meinen Rat an; versuchen Sie, diese schlechte Gewohnheit abzulegen. Es kann Ihrer Gesundheit nur zuträglich sein und Ihr eignes Interesse befördern.

Ihr wohlmeinender Johann Benett.

19.

Geehrter Herr!*)

Ich schrieb Ihnen durch Herrn Bright, aber da ich keine Antwort erhalten habe, so beunruhigt mich dieses. Obgleich ich so sparsam als möglich gewesen bin, so finde ich doch, daß das Taschengeld, welches Sie mir monatlich von Hrn. Walter zu nehmen erlaubten, nicht hinreichend ist, um meine notwendigen Ausgaben zu bestreiten, obschon es anfangs so war. London ist ein solcher Ort, daß, wenn man nicht etwas vorstellt, man sicherlich mit Verachtung behandelt und als Gegenstand des Spottes bezeichnet wird.

Ich versichere Sie, daß ich die Verschwendung so sehr verabscheue, als Sie es (nur) wünschen können, und die kleine Summe, welche ich als Zulage (or Zubuße) zu Ihrer frühern Verwilligung verlange, soll nur mein eignes Interesse befördern, das Ihnen gewiß ebensosehr am Herzen liegt, als es einem Vater möglich ist.

Mein Prinzipal wird bezeugen, daß mein Betragen mit den strengsten Regeln der Moral (or Sittlichkeit) übereinstimmend gewesen ist.

Ich überlasse es Ihrem Urteil, was Sie für angemessen halten, mir in Zukunft (or künftig) zu gestatten (or geben). Ich wollte mein Geldbedürfnis dem Herrn W. nicht sagen (or erwähnen), und aus diesem Grunde habe ich (bis jetzt) nicht mehr genommen, als was Sie angeordnet haben. Ich hoffe, Sie werden durch das, was ich geschrieben habe, nicht beleidigt sein, da ich mich immer glücklich schätzen werde, meine Pflicht zu erfüllen und mir die Gunst (or das Wohlwollen) meiner geehrten Eltern zu versichern.

Ich verbleibe, geehrter Herr, Ihr

Sie liebender Sohn
Albert.

Historische Stücke.

1. Franklin.

Benjamin Franklin war eher ein merkwürdiger, als ein fein gebildeter Mann, und sein Name in England ist mit dem Begriff von weltlicher Klugheit und starkem Menschenverstande verknüpft, während er in den Vereinigten Staaten von Amerika fast als einer der Leiter (or Führer) ihres Kampfes für die Unabhängigkeit verehrt wird. Er hat auch einige Aufmerksamkeit durch seine Versuche

---

*) It must be observed that we left on purpose to this letter its peculiar English character. A German Son would never write in this way, but would address: „Mein lieber Vater!" and throughout use the familiar style of: „Du, Dir," etc.

The Editor of the 2nd ed.

über den Blitz auf sich gezogen. Die Vorfahren (or Voreltern) seiner Familie waren Engländer gewesen aus Eaton in Northhamptonshire, aber zu der Zeit, als die Kolonien von Nordamerika eine leichte Zuflucht für alle gewährten, welche mit der Regierung zu Hause unzufrieden waren, wechselten sein Vater und sein Onkel ihren (religiösen) Glauben, wurden dissenters und schifften über den Atlantischen Ozean, um sich in Neu=England niederzulassen.

Hier trieb (etablierte) sein Vater das Geschäft eines Seifensieders und Lichterziehers. Benjamin Franklin wurde im Jahr 1705 geboren und war ein Glied von einer Familie von 13 Kindern. Er wurde in mehreren Handwerken (or Gewerben) versucht, von denen ihm keines gefiel. Endlich entschloß er sich zu dem Geschäft eines Buchdruckers, das zu jener Zeit in der neuen Niederlassung (or Kolonie) nicht viel betrieben wurde. Sein Vater scheint viel dazu beigetragen zu haben, den jungen Charakter seines Sohnes zu bilden; durch sein Beispiel lehrte er ihn, nach hohen und ehrenvollen Zielen zu streben; durch die Strenge seiner Bemerkungen nötigte er ihn, auf die Ausbildung eines genauen und richtigen Geschmackes im Stil Mühe zu verwenden, und durch seine eigne Dürftigkeit lehrte er ihn, sein tägliches Brot mit Fleiß und Ehre zu verdienen. Mit 17 Jahren wurde er mit seinem ältern Bruder uneinig, dem er als Lehrling verdungen war, und reiste fort (or machte sich auf den Weg), um in New=York sein Glück zu suchen. Nach mehrmonatlicher Arbeit kam er nach England, wo er in eine Druckerei eintrat und anderthalb Jahre arbeitete. Dieser Besuch zeigte sich als sehr vorteilhaft für ihn, sowohl direkt in seinem Geschäft als Buchdrucker, als auch indirekt, indem er seinen Geist erweiterte. Seine Energie (or Thätigkeit) und Ausdauer machten ihn zuletzt zu einem glücklichen Geschäftsmann, wie man billigerweise erwarten konnte.

Als die Streitigkeiten zwischen den amerikanischen Kolonien und dem Mutterlande ausbrachen, wurde Franklin als Agent in England, Kanada und Frankreich angestellt, und die Kunst des Stiles, in welcher er ein Meister geworden war, wurde jetzt zum Entwerfen von Adressen, Proklamationen und Erklärungen angewendet, zur Verteidigung der Politik der neuen Republik. Er wurde zu einem der Abgeordneten in den Kongreß (oder die einstweilige Regierung) gewählt, welche(r) die ersten Maßregeln zur Lösung der Bande traf, die Amerika mit dem britischen Reiche verbanden; und nachdem er viele Ehren genossen hatte, starb er in Philadelphia im Jahre 1790.

2. Vaterlandsliebe des Regulus.

Die Karthager beschlossen, (Gesandte) nach Rom zu schicken, um über einen Frieden zu unterhandeln, oder wenigstens eine Auswechselung der Gefangenen zu erlangen. Zu diesem Zweck glaubten (or vermuteten) sie, daß der römische General Regulus, den sie jetzt (or schon) vier Jahre lang im Gefängnis hielten, ein geeig=

neter Bittsteller sein würde. Man erwartete, daß er, der Gefangen=
schaft und des Sklavendienstes müde (or überdrüssig), gern sich be=
mühen würde, seine Landsleute zu überreden, den Krieg zu beendigen,
der nur seine Gefangenschaft verlängerte. Er wurde demgemäß (or
daher) mit ihren Gesandten nach Rom geschickt, aber mit dem Ver=
sprechen, welches ihm zuvor abgedrungen wurde, zurückzukehren, im
Fall, daß es ihm nicht gelingen sollte. Man gab ihm sogar zu
verstehen, daß sein Leben von dem Erfolg seiner Sendung abhinge.

Als dieser alte General, zusammen mit den Gesandten Kar=
thagos, sich Rom näherte, kamen viele seiner Freunde heraus, um
ihn zu sehen und ihn über seine Rückkehr zu beglückwünschen (or
um ihm zu seiner R. Glück zu wünschen). Ihre Zurufe erschallten
durch die Stadt; aber R. weigerte sich, in die Thore einzutreten.
Es war umsonst, daß er von allen Seiten gebeten wurde, seine
kleine Wohnung noch einmal zu besuchen und an der Freude Teil
zu nehmen, welche seine Rückkehr eingeflößt hatte. Er beharrte
dabei zu sagen, daß er jetzt nur ein Sklave der Karthager sei und
unfähig, an den Ehren (or Ehrenbezeugungen) seines Vaterlandes
Teil zu nehmen.

Als der Senat, wie gewöhnlich, sich außerhalb der Mauern
versammelte, um den Gesandten Audienz zu erteilen (or zu geben),
eröffnete R. seinen Auftrag, wie ihm von dem Rat der Karthager
aufgegeben war, und ihre Gesandten unterstützten seine Vorschläge.
Der Senat war um diese Zeit des Krieges müde, welcher sich über
acht Jahre hingezogen (or in die Länge gezogen) hatte, und war
keineswegs einem Frieden abgeneigt. Es schien die allgemeine
Meinung (zu sein), daß die Feindschaft zwischen den zwei Staaten
schon zu lange gedauert hätte, und daß keine Bedingungen ver=
weigert werden sollten, welche nicht nur den beiden Nationen Ruhe,
sondern auch einem alten, tapfern General, den das Volk verehrte
und liebte, die Freiheit geben sollte.

3. Fortsetzung.

Es blieb für Regulus nur (noch) übrig, seine Meinung zu sagen,
der, als die Reihe an ihn kam zu sprechen, zum Erstaunen aller An=
wesenden, seine Stimme für die Fortsetzung des Krieges gab. Er
versicherte den Senat, daß die karthagischen Hilfsmittel jetzt beinahe
erschöpft wären; das Volk wäre von Anstrengungen ganz erschöpft
(abgespannt) und die Adeligen durch Streitigkeiten; alle ihre besten
Generale wären Gefangene bei den Römern, während Karthago nur
den Auswurf der römischen Armee hätte; daß nicht nur das In=
teresse Roms, sondern auch seine Ehre an der Fortsetzung des Krie=
ges beteiligt wäre, denn ihre Vorfahren hätten niemals Friede
geschlossen, bis sie siegreich waren.

Ein so unerwarteter Rat brachte den Senat nicht wenig in
Verlegenheit: Sie sahen die Richtigkeit seiner Meinung ein, aber
sie sahen auch die Gefahren, welche er lief, indem er sie gab (or
aussprach); sie schienen ganz zufrieden mit der Rätlichkeit, den

Krieg zu verlängern; ihr einziges Hindernis war (nur), wie sie die Sicherheit desjenigen sicher stellen sollten (könnten), der die Fortsetzung desselben geraten hatte; sie bedauerten und bewunderten einen Mann, der solche Beredsamkeit gegen sein Privat-Interesse gebraucht hatte, und konnten sich nicht für eine Maßregel entschließen, welche mit seinem Verderben endigen mußte. R. machte jedoch bald ihrer Verlegenheit ein Ende, dadurch, daß er die Unterhandlung abbrach und aufstand, um zu seinen Banden und seiner Gefangenschaft zurückzukehren.

Es war umsonst, daß der Senat und alle seine liebsten Freunde ihn (dringend) baten zu bleiben; er wies ihre Bitten dennoch zurück. Marcia, seine Frau, mit ihren kleinen Kindern erfüllte die Stadt mit ihren Klagen und bat umsonst, daß man ihr erlauben möchte, ihn zu sehen; er bestand gleichwohl hartnäckig darauf, sein Versprechen zu halten, und obschon er über die Qualen, die ihn bei seiner Rückkehr erwarteten, hinlänglich belehrt war, reiste er, ohne seine Familie zu umarmen oder von seinen Freunden Abschied zu nehmen, mit den Gesandten nach Karthago ab.

Nichts konnte der Wut und der Enttäuschung der Karthager gleichkommen, als sie von ihren Gesandten benachrichtigt wurden, daß R., anstatt den Frieden zu befördern, seine Meinung für die Fortsetzung des Krieges abgegeben hatte. Sie schickten sich daher an, sein Betragen mit den ausgesuchtesten Martern zu bestrafen... Zuletzt, als die Bosheit müde war, alle Künste der Quälerei (Marter) auszusinnen, wurde er in ein Faß gesteckt (gelegt), das mit Nägeln beschlagen war, deren Spitzen nach innen standen, und in dieser schmerzlichen Stellung (Lage) blieb er, bis er starb.

4. Kopernikus.

Kopernikus leitet seine Berühmtheit von seinen Untersuchungen über die Gesetze her (or ab), welche das Sonnensystem regeln. Dieses System umfaßt eine Anzahl von Himmelskörpern, welche von der Sonne abhängen. In frühen Zeiten hatte man beobachtet, daß einige von den Sternen ihre Stelle wechselten, im Verhältnis zu andern Sternen, und diese wurden daher Planeten genannt, von einem griechischen Wort, welches „wandern" bedeutet. Die Sonne, der Mond, die Erde und die Planeten bilden zusammen das Sonnensystem.

Man verlangte von der Astronomie (or Sternkunde), daß sie alle Erscheinungen, welche an diesen Himmelskörpern gesehen werden können, erkläre, nämlich die Jahreszeiten, die Monate, die Bewegungen des Planeten Venus, diejenigen des Jupiter und aller andern. Es war von denjenigen, welche den Gegenstand in alten (or frühern) Zeiten betrachteten, angenommen (or vermutet) worden, daß die Erde der Hauptkörper unter allen diesen sei, und daß die andern sich um dieselbe bewegten. Verschiedene Änderungen waren an dieser Annahme gemacht worden, da die Beobachtung Dinge erkannte (or aufzeigte), welche derselben ganz entgegengesetzt waren.

Die Ansicht von der zentralen Stellung der Erde und die Abhängigkeit der übrigen von ihr (or von derselben) blieb herrschend bis auf die Zeit des Kopernikus. Er (or Dieser) zeigte, daß die Wahrheit ist, daß die Sonne der Hauptkörper von allen denjenigen ist, welche zu dem Sonnensystem gehören, und daß die übrigen sich um sie drehen. Dieses war eine sehr bedeutende Wandlung.

Die alte Theorie war von den sinnreichsten Vermutungen in Beziehung auf die Bewegungen der Planeten unterstützt worden. Aber durch alle diese Vermutungen und Wandlungen war sie ein höchst verwickeltes und schwieriges System geworden, und was unerklärt blieb, war eine starke Einwendung gegen ihre Wahrheit.

Indem K. die Behauptung aufstellte, daß eine Anzahl von Himmelskörpern sich um die Sonne drehte, und zeigte, daß die Erde eine von denselben ist, schaffte er alle sinnreichen Irrtümer der alten Methode (or Theorie) ab, und gab uns ein klares und einfaches System. Seine Verdienste bestehen in diesem: er zeigte, daß die verschiedenen Stellen, Bewegungen und Erscheinungen der Planeten vollkommen erklärt und gerechtfertigt werden können, dadurch, daß man annimmt, daß sie sich um die Sonne als einen Mittelpunkt bewegen; Merkur in 87 Tagen, Venus in 224 Tagen, die Erde in einem Jahr, Mars in beinahe zwei, Jupiter in elf und Saturn in 29 Jahren.

Es ist auch zu bemerken, daß diese Entdeckungen von ihm mit sehr armseligen Instrumenten für seine Beobachtungen gemacht wurden und ohne Teleskope. Aber trotz aller Schwierigkeiten lehrte er die Menschen das wahre System des Weltalls kennen und hat ein ewiges Andenken seines Fleißes und seines Genius (or Geistes) hinterlassen. Er war in Thorn in Preußen geboren und studierte in Italien in Bologna. Seine neuen Lehren gaben dem Papste Urban dem Achten Ärgernis, und er wurde eine Zeitlang in das Gefängnis geworfen. Er starb 1543, in seinem einundsiebzigsten (Lebens)Jahr.

5. Geschichte Katharinas, der ersten Kaiserin von Rußland.

I.

Katharina, geboren in der Nähe von Dorpat, einer kleinen Stadt in Livland, hatte nichts von ihren Eltern geerbt, als ihre Mäßigkeit. Nachdem ihr Vater tot war, lebte sie mit ihrer bejahrten Mutter in ihrer mit Stroh bedeckten Hütte (or Strohhütte); und beide, obschon sehr arm, waren sehr zufrieden. Hier, zurückgezogen vor den Blicken der Welt, ernährte sie mit der Arbeit ihrer Hände ihre Mutter, welche jetzt unfähig war, sich selbst zu ernähren. Während Katharina spann, pflegte die alte Frau dabeizusitzen und in einem Gebetbuch zu lesen; wenn die Anstrengungen des Tages vorüber waren, saßen sie so zufrieden bei ihrem Kamin (or Ofen) und genossen ihre einfache Mahlzeit.

Obschon ihr Gesicht und ihre Gestalt Muster von Vollkommen=
heit waren, schien doch ihre ganze Aufmerksamkeit auf ihren Geist
gerichtet; ihre Mutter lehrte sie lesen, und ein alter, lutherischer
Pfarrer unterrichtete sie in den Lehren und Pflichten der Religion.
Die Natur hatte ihr einen lebhaften und soliden Gedankengang
(or Fassungskraft) und einen starken Verstand gegeben. Solche
echt weibliche Eigenschaften verschafften ihr mehrere Heirats=Aner=
bieten von seiten der Bauern der Umgegend (or des Landes); aber
ihre Anerbieten wurden abgelehnt; denn sie liebte ihre Mutter zu
zärtlich, um an eine Trennung zu denken.

Katharina war fünfzehn Jahre alt, als ihre Mutter starb.
Sie verließ daher jetzt ihre Hütte und zog zu dem lutherischen
Pfarrer, von welchem sie von ihrer Kindheit an unterrichtet worden
war. In seinem Hause lebte sie als Gouvernante seiner Kinder,
in ihrem Charakter eine unwandelbare Klugheit mit einer über=
raschenden Lebhaftigkeit verbindend.

Der alte Mann, der sie wie eines seiner Kinder betrachtete,
ließ sie im Tanzen und in der Musik von den Lehrern unterrichten,
welche seine übrigen Familienmitglieder unterrichteten; so fuhr sie
fort, sich auszubilden, bis er starb, durch welchen Unglücksfall sie
wieder in ihre frühere Armut zurückgeworfen war. Die Gegend
von Livland wurde um diese Zeit durch Krieg verwüstet und lag
in einem höchst elenden Zustand der Verheerung (or Verwüstung).
Solches Unglück liegt immer am schwersten auf den Armen, wes=
halb Katharina, obschon im Besitz so vieler Vorzüge, alles Elend
einer hoffnungslosen Armut erfuhr. Da die Lebensmittel jeden
Tag seltner wurden und ihr eigner Vorrat erschöpft war, entschloß
sie sich zuletzt, nach Marienburg, einer Stadt von größerem Reich=
tum (Überfluß), zu reisen.

Mit ihrer dürftigen Garderobe, welche in einem Reisesack ein=
gepackt war, trat sie ihre Reise zu Fuß an; sie mußte durch eine
von Natur elende Gegend wandern, die aber durch die Schweden
und Russen noch trauriger gemacht war, welche, je nachdem die
einen oder die andern zufällig Herren wurden, dieselbe nach Be=
lieben ausplünderten; aber der Hunger hatte sie gelehrt, die Gefahren
und Anstrengungen des Weges (or der Reise) zu verachten.

II.

Eines Abends, als sie auf ihrer Reise in eine Hütte am
Wege eintrat, um ihre Schlafstätte für die Nacht zu nehmen, wurde
sie von zwei schwedischen Soldaten beleidigt, die wahrscheinlich ihre
Beleidigungen bis zur Gewalt getrieben hätten, wäre nicht ein
Unteroffizier, der zufällig vorbeiging, ihr zu Hilfe gekommen. Bei
seinem Erscheinen ließen die Soldaten sogleich ab; aber ihre Dank=
barkeit war kaum größer als ihr Erstaunen, als sie sogleich in ihrem
Befreier den Sohn des lutherischen Pfarrers, ihres frühern Lehrers,
Wohlthäters und Freundes erkannte.

Dieses war ein glückliches Zusammentreffen für Katharina; der kleine Vorrat an Geld, den sie von Hause mitgebracht hatte, war um diese Zeit ganz erschöpft, ihre Kleider waren Stück für Stück dahingegangen, um diejenigen zu befriedigen (or bezahlen), welche sie in ihren Häusern bewirtet (gastlich aufgenommen) hatten: ihr edelmütiger Landsmann trennte sich daher von dem (or gab das her), was er erübrigen (entbehren) konnte, um ihr Kleider zu kaufen, versah sie mit einem Pferd und gab ihr Empfehlungsbriefe an Herrn Gluck, einen treuen Freund seines Vaters und Superintendenten zu Marienburg.

Unsre schöne Fremde brauchte nur zu erscheinen, um gut empfangen zu werden; sie wurde sogleich als Gouvernante für seine zwei Töchter in die Familie des Superintendenten aufgenommen, und obgleich erst siebzehn Jahre alt, zeigte sie sich fähig, ihr Geschlecht zu unterrichten, nicht nur in der Tugend, sondern auch in der Höflichkeit (or im Anstand). So groß war ihr Verstand und ihre Schönheit, daß ihr Herr selbst in kurzer Zeit ihr seine Hand anbot, welche sie, zu seinem großen Erstaunen, auszuschlagen für angemessen hielt. Getrieben von einem Gefühle der Dankbarkeit, war sie entschlossen, nur ihren Befreier zu heiraten, wenn er gleich einen Arm verloren hatte und auch sonst durch Wunden im Dienste verunstaltet war.

Um daher weiteren Heirats=Anerbieten (or Gesuchen) andrer vorzubeugen, bot sie dem Offizier, sobald er im Dienst in die Stadt kam, ihre Hand an, welche er mit Entzücken annahm, und ihre Hochzeit wurde wie gewöhnlich gefeiert, aber alle Züge ihres Schicksals sollten auffallend sein: An demselben Tage, an dem sie getraut wurden, fingen die Russen an, Marienburg zu belagern. Der unglückliche Soldat hatte jetzt keine Zeit, die wohlverdienten Freuden der Ehe zu genießen, er wurde zu einem Angriff abgerufen, von dem er nie wieder zurückkehrte.

III.

Unterdessen dauerte die Belagerung mit Wut fort, verschlimmert durch Hartnäckigkeit von der einen Seite, von der andern durch Rachlust. Dieser Krieg zwischen den beiden nordischen Mächten war um diese Zeit wirklich barbarisch; der unschuldige Bauer und die harmlose Jungfrau teilten oft das Schicksal des Soldaten in Waffen. Marienburg wurde alsdann mit Sturm genommen, und die Wut der Belagerer war so groß, daß nicht nur die Garnison, sondern auch fast alle Einwohner, Männer, Weiber und Kinder über die Klinge springen mußten. Endlich, als das Blutbad ziemlich vorüber war, fand man Katharina in einem Backofen versteckt.

Sie war bisher arm gewesen, aber doch war sie frei; sie mußte sich nun in ihr hartes Schicksal schicken und lernen, was es hieß, eine Sklavin zu sein. In dieser Lage jedoch betrug sie sich fromm und demütig; und obgleich das Unglück ihre Lebhaftigkeit niedergeschlagen hatte, war sie doch heiter. Der Ruf ihrer Schönheit und Ergebung erreichte den russischen General, Fürsten Menzikoff; er wünschte sie zu sehen, war von ihrer Schönheit betroffen, kaufte sie dem Soldaten, ihrem Herrn ab, und stellte sie unter die Leitung seiner eignen Schwester. Hier wurde sie mit all der Achtung behandelt, welche ihr Wert (Verdienst) verdiente, während ihre Schönheit mit ihrer glücklichen Lage jeden Tag zunahm.

Sie war nicht lange in dieser Stellung gewesen, als Peter der Große dem Fürsten einen Besuch machte, und Katharina kam zufällig herein mit gedörrtem Obst (Früchten), welche sie mit eigentümlicher Bescheidenheit herumreichte. Der mächtige Monarch sah sie, und war von ihrer Schönheit betroffen (or geblendet). Er kam am nächsten Tage wieder, verlangte nach der schönen Sklavin, stellte mehrere Fragen an sie, und fand ihren Verstand noch vollkommener als ihre Gestalt (Schönheit).

Er war, noch ganz jung, gezwungen worden, sich nach Beweggründen der Nützlichkeit zu verheiraten, er war jetzt entschlossen, nach seiner eignen Neigung zu heiraten. Er erkundigte sich sogleich nach der Geschichte der schönen Livländerin, welche noch nicht achtzehn Jahre alt war. Er folgte ihr durch den Schleier der Dunkelheit, durch alle Wechselfälle ihres Schicksals, und fand sie wahrhaft groß in ihnen allen. Die Niedrigkeit ihrer Geburt war kein Hindernis für sein Vorhaben: ihre Hochzeit wurde im Stillen (im Familienkreise) gefeiert, wobei der Fürst seine Hofleute versicherte, daß die Tugend allein die geeignetste Leiter zum Thron wäre. Wir sehen jetzt Katharina aus der niedrigen Lehmhütte als (or emporgestiegen zur) Kaiserin des größten Reiches auf der Erde. Die arme einsame Wanderin (Reisende) ist jetzt von Tausenden umgeben, welche in ihrem Lächeln Glück finden. Sie, der es früher an einem Mittagsmahl fehlte, ist jetzt im stande, Überfluß über ganze Völker zu verbreiten. Ihrem Glück verdankte sie einen Teil dieses Vorrangs, aber ihren Tugenden noch mehr.

Sie behielt ihr Leben lang (immer nachher) jene großen Eigenschaften, welche sie zuerst auf einen Thron setzten; und während der außerordentliche Fürst, ihr Gemahl, an der Reform (Verbesserung) seiner männlichen Unterthanen arbeitete, bemühte sie ihrerseits sich an der Vervollkommnung ihres eignen Geschlechtes. Sie änderte ihre Tracht, führte gemischte Gesellschaften ein, stiftete einen Orden weiblicher Ritterschaft; und zuletzt, nachdem sie alle Stufen (Lebensstellungen) als Kaiserin, Freundin, Gemahlin und Mutter bekleidet (or eingenommen) hatte, starb sie mutig ohne Bedauern, von allen bedauert.   Goldsmith.

6. Kampf zwischen den Horatiern und Curiatiern.

I.

Nach dem Tode Numas erwählte das römische Volk Tullus Hostilius zu ihrem König. Dieser Monarch war in jeder Beziehung seinem Vorgänger unähnlich, indem er gänzlich dem Krieg

ergeben war, so daß er nur einen Vorwand suchte, seine Streit=
kräfte ins Feld zu führen. Die Albaner waren das erste Volk,
welches ihm eine Gelegenheit gab, seine Lieblingsneigung zu befrie=
digen. Die römischen und albanischen Heere trafen ungefähr fünf
Meilen von Rom zusammen, und bereiteten sich vor, das Schicksal
ihres betreffenden Königreichs zu entscheiden; denn fast jede Schlacht
in jenen barbarischen Zeiten war entscheidend. Die zwei Heere
(Armeen) waren eine Zeitlang in Schlachtordnung aufgestellt und
erwarteten das Zeichen zu beginnen (zum Angriff). Beide scheltend
über die lange Dauer dieses schrecklichen Aufenthalts, welcher sie
vom Tod oder vom Sieg abhielt. Aber ein unerwarteter Vorschlag
von dem albanischen General (Feldherrn) verhinderte den Angriff.
Er trat in die Mitte zwischen beide Heere und bot den Römern
die Wahl, durch einen Einzelkampf den Streit zu entscheiden, indem
er hinzufügte, daß die Seite, deren Kämpfer überwunden würde,
sich dem Sieger unterwerfen sollte.

Ein Vorschlag wie dieser gefiel dem ungestümen Gemüt des
römischen Königs, und wurde von seinen Unterthanen mit Freude
aufgenommen, indem jeder von ihnen (or von denen jeder) hoffte,
daß er selbst gewählt werden würde, um die Sache seines Vater=
landes auszufechten. Viele tapfere Männer boten sich an, aber sie
konnten nicht mit Ausschließung der andern angenommen werden,
bis zuletzt der Zufall einen Ausweg eingab. Es waren um diese
Zeit drei Brüder in jeder Armee; diejenigen der Römer hießen
Horatier, und die Albaner Curiatier; alle waren ausgezeichnet wegen
ihres Mutes, ihrer Stärke und Thatkraft; es wurde beschlossen,
ihnen die Leitung (Ausführung) des Kampfes anzuvertrauen.

II.

Als die vorausgehende Zeremonie der Schwüre und Ver=
sicherungen, welche die Armee des besiegten Teiles verpflichteten,
sich dem siegreichen Teil zu unterwerfen, vorüber war, wurden die
Kämpfer unter den Ermutigungen, den Gebeten und Zurufen ihres
Landes vorgeführt. Man erinnerte sie an ihre früheren Thaten; man
ermahnte sie (zu bedenken), daß ihre Väter, ihre Landsleute und
sogar die Götter, Zuschauer ihres Verhaltens wären. Als das Volk
erwartete, sie zum Kampf vorstürzen zu sehen, legten sie ihre Waffen
nieder und umarmten einander mit allen Zeichen der zärtlichsten
Freundschaft; aber endlich an die Wichtigkeit des Kampfes erinnert,
begannen die Streiter den Kampf, und jeder suchte, ohne alle Rück=
sicht auf seine eigne Sicherheit, nur die Vernichtung seines Gegners.

Die Zuschauer, in furchtbarem Schweigen, zitterten bei jedem
Streich und wünschten, die Gefahr zu teilen, bis zuletzt der Sieg,
der bisher zweifelhaft gewesen war, sich gegen die Römer zu er=
klären schien. Sie sahen zwei ihrer Kämpfer tot auf dem Platze
liegen, und die drei Curiatier, die alle verwundet waren, sich lang=
sam bemühen, den Überlebenden zu verfolgen, welcher durch die

Flucht um Gnade zu bitten schien. Das albanische Heer, unfähig seine Freude zu unterdrücken, erhob einen lauten Beifallsruf, während die Römer innerlich fluchten, und verdrießlich waren, über die Feigheit dessen, den sie in Umständen solcher Niedrigkeit sahen. Bald jedoch begannen sie ihre Gefühle zu ändern, als sie bemerkten, daß seine Flucht nur verstellt war, um seine Gegner zu trennen, denen vereinigt er nicht widerstehen konnte.

III.

Der römische Kämpfer hielt bald darauf seinen Lauf an, und indem er sich gegen denjenigen wandte, welcher am nächsten hinter ihm folgte, streckte er ihn tot zu seinen Füßen. Der zweite Bruder, der herankam, um dem gefallenen zu Hilfe zu kommen, teilte bald dasselbe Schicksal; und nun blieb nur noch der letzte Curiatier zu besiegen, der ermüdet und kampfunfähig infolge seiner Wunden langsam herankam, um einen leichten Sieg darzubieten. Er wurde fast ohne Widerstand getötet, während der jubelnde Sieger ihn niederstreckte (anbot) als ein Opfer für die Überlegenheit der Römer, welchen jetzt das albanische Heer zu gehorchen einwilligte.

Ein so großer, und mit solchen ausgezeichneten Wirkungen begleiteter, Sieg verdiente jede Ehre, die Rom gewähren konnte; aber als wenn keine der Tugenden jenes Zeitalters ohne Flecken sein sollte, war die Hand, welche am Morgen bemüht war, sein Vaterland zu retten, vor der Nacht mit dem Blut einer Schwester getränkt. Als er von dem Schlachtfeld zurückkehrte, erweckte es seinen Unwillen, sie in Thränen gebadet zu sehen, und daß sie den Verlust ihres Geliebten beklagte, eines von den Curiatiern, mit welchem sie verlobt war; aber als er das Kleid, welches sie für ihren Liebhaber gemacht hatte, unter seiner Beute sah und ihren Jammer hörte, reizte es ihn mehr als er ertragen konnte, so daß er sie in seiner Wut erschlug. Diese Handlung mißfiel dem Senat sehr und zog ihm die Verurteilung der Richter zu; aber es wurde ihm verziehen, indem er an das Volk appellierte.

7. Kapitän Cook.

I.

Jakob Cook, einer der berühmtesten Weltumsegler, die je Großbritanien oder ein andres Land hervorgebracht hat, war aus Yorkshire, und im Jahr 1728 geboren. Vor seinem dreizehnten Jahr wurde er als Lehrling an einen Krämer bei Whitby verdungen; aber da eine Uneinigkeit zwischen ihm und seinem Lehrherrn entstand, folgte er seiner eignen Neigung, indem er sich an einige Besitzer von Kohlenschiffen in Whitby verdingte, und nachdem er einige Jahre als gemeiner Matrose gedient hatte, wurde er in einem dieser Schiffe zum Schiffs=Kadetten befördert. Bald darauf trat er in den Dienst des Königs, und da er sich als nautischer Vermesser (naut. Geodät) und guter Rechner und Mathematiker auszeichnete, machte er sich (nach oben) bemerklich (or rühmlich) bekannt).

Da man berechnet hatte, daß ein Durchgang der Venus über die Sonnenscheibe im Jahre 1769 stattfinden würde, so wurde Seiner Majestät von der „Königlichen Gesellschaft" eine Denkschrift überreicht, worin man die Wichtigkeit, geeignete Beobachtungen dieses Durchgangs zu machen (or anzustellen), sowie die Aufmerksamkeit hervorhob, welche auch in andern Ländern demselben gezollt wurde; und man bat, daß auf Kosten der Regierung Leute nach den Freundschaftsinseln geschickt werden möchten, um die geeigneten Beobachtungen zu machen. Alexander Dalrymple wurde gewählt, aber als die Ernennung dieses Herrn zu dem Commando vor die Admiralität gebracht wurde (or der A. vorgelegt wurde), weigerte sich Sir Edward Hawke, die Ernennung eines Mannes zu unterzeichnen, der nicht im Seedienst erzogen und mit der Leitung eines Schiffes unbekannt war; denn die Befähigung des Herrn Dalrymple war die eines Astronomen. Andererseits wollte Dalrymple nicht ohne die Ernennung gehen, und die Schwierigkeit endigte mit der Anstellung Cooks.

Kapitän Wallis, der schon 1766—1768 um die Welt gesegelt war, entschied sich für Otahaiti, als die geeignete Insel zu den astronomischen Beobachtungen. Cook wurde zum Leutnant gemacht und segelte am 30. Juli 1768 mit Herrn Banks, nachmals der berühmte Sir Joseph Banks, mit Solander und andern ab. Die Länder, welche während dieser Reise entdeckt wurden, und die, welche noch folgten, sind uns jetzt bekannt und brauchen hier nicht erwähnt zu werden.

Aber um einen deutlicheren Begriff von Cooks Charakter zu geben, wollen wir einige von seinen Abenteuern kurz schildern und die Art seines Todes erzählen.

II.

Als sie nach Otahaiti kamen, wäre die ganze Sache (der Beobachtung) des Durchgangs der Venus durch einen einzelnen Wilden beinahe vereitelt worden, der den Quadranten stahl; durch kluge Bemühungen jedoch wurde er wieder erlangt. Der Tag des Durchgangs war hell und die Beobachtungen wurden mit Erfolg gemacht. Als das Schiff zuerst in Otahaiti ankam, erlangte man Lebensmittel durch den Austausch von Glasperlen und andern Kleinigkeiten; aber diese Zieraten waren nicht lange gesuchte Gegenstände, und die Nägel wurden sodann vorgebracht; indem sie mit diesem neuen Artikel handelten, konnte man für einen 4 Zoll langen Nagel 20 Kokosnüsse kaufen, und Brotfrucht im Verhältnis.

Am 26. Juni machte Cook in einer Pinasse eine Umfahrt um die Insel; er nahm auch einen Häuptling der Insel, Namens Tupia, mit einem Knaben von ungefähr 13 Jahren, an Bord. Sie verließen Otahaiti und landeten in Huaheine, wo der König mit den Engländern so zufrieden war, daß er mit Cook die Namen zu vertauschen wünschte, und der Leutnant wurde daher Oree ge=

nannt, während der König den Titel Cookee annahm. Bald nach=
her erreichten sie Neu=Seeland, welches von Tasman, einem hollän=
dischen Schiffahrer, hundert Jahre vorher entdeckt worden war.
Die Neuseeländer waren sehr diebisch und unfreundlich, und viele
verloren in den Kämpfen, welche stattfanden, das Leben. Bei einer
Gelegenheit lehnte sich Tajeto, der otahaitische Knabe, über die
(Schiffs=)Seite, um einige Fische heraufzuziehen, als einer der See=
länder ihn in seinen Kahn zog und so schnell als möglich fort=
ruderte. Die Seesoldaten feuerten nach diesem gewaltthätigen An=
griff mit Erfolg, und Tajeto sprang in das Meer und schwamm
zu dem Schiff zurück.

Auf dieser Insel, oder vielmehr auf diesen zwei Inseln, sah
man deutliche Beweise von der (vor)herrschenden Gewohnheit, Men=
schen zu essen (fressen). Mit großer Gefahr untersuchte Cook die
Meerenge, welche Neu=Seeland in zwei Inseln teilt, die einander
beinahe gleich sind; eine heftige Strömung floß durch dieselbe, und
das Schiff wurde kaum vor den Felsen bewahrt. Diese Meerenge
ist 4 oder 5 Meilen breit an dem engsten Teile. Die Abenteurer
nahmen einen Vorrat von frischem Wasser und Holz ein und
segelten nach dem indischen Meer, indem sie die Absicht hatten,
über das Vorgebirge der Guten Hoffnung nach England zurück=
zukehren. Sie untersuchten einen Teil der Küste von Neu=Holland
oder Neu=Süd=Wales und ankerten in einer Bai (Bucht), welche
von den zahlreichen, unbekannten Pflanzen, die nahe dabei gefun=
den wurden, Botany=Bai genannt wurde. Da das Meer an dieser
Küste (ihnen) ganz unbekannt war, waren sie in beständiger Gefahr
wegen der Korallen=Riffe und Felsen, an denen diese Gewässer
reich sind.

III.

Bei einer Gelegenheit lief das Schiff auf den Grund, und
wurde über den Rand eines Felsens in die Höhe gehoben und lag
in einer Vertiefung darin, während das heftige Stoßen und Kratzen
des Bodens die Kupferbeschläge und den falschen Kiel wegriß, und
es schwammen Teile der Planken umher. Als sie das Schiff aus
dieser Gefahr herausgezogen, ließ es soviel Wasser ein, daß drei
Pumpen es kaum niederhalten konnten; dann nahmen sie ein Segel,
mischten eine große Menge Werg und Wolle, nähten sie handvoll=
weise darauf und dann beschmierten sie das Ganze mit Schafdung.
Das Segel wurde dann unter den Boden des Schiffes gezogen,
und als es an den Leck kam, wurden die Wolle und das Werg
mit einem Teil des Segels durch den Druck des Wassers hinein=
gepreßt, so daß jetzt eine Pumpe anstatt drei genügte, um das
Wasser niederzuhalten. Aber sie entdeckten nachher, daß der Felsen
selbst zu ihrer Rettung beigetragen hatte; denn ein großes Stück
desselben stak in einem der Löcher und hatte so das Wasser ab=
gehalten.

Cook kehrte nach Hause zurück, nachdem er den Astronomen, welcher den Durchgang beobachtet hatte, den Seekadetten, welcher den Gedanken eingegeben hatte, den beschädigten Boden mit einem Segel zu verstopfen, und mehrere andre durch Krankheit verloren hatte, und kam am 11. Juli 1771 in England an. Die hier erwähnten Umstände veranlaßten ihn, auf die Gesundheit seiner Leute soviel Aufmerksamkeit zu verwenden, daß er auf seiner zweiten Reise, die mehr als drei Jahre dauerte, nur einen Mann verlor und zwar an der Auszehrung.

Im Jahr 1776 segelte er zum dritten Mal ab, indem er über das Kap der Guten Hoffnung, Neu-Seeland und die Sandwichs-Inseln seinen Weg nahm, nach dem Punkte, wo die großen Kontinente (Festländer) von Amerika und Asien einander am nächsten liegen. Im Februar 1779 verließ er die Insel Owhyhee oder Ooui, wohlversehen mit Vorräten von frischem Fleisch; aber unglücklicherweise brachte ihn ein Sturm zurück. Streitigkeiten begannen dadurch, daß die Eingebornen die Zange und den Meißel aus der Schmiede des Waffenschmieds stahlen, und an dem Tage, an welchem dieses geschah, wurden Schläge ausgeteilt und Steine geworfen, um zu versuchen sie wieder zu bekommen und den Dieb zu bestrafen. In der nächsten Nacht wurde der große Kutter von einem seiner Schiffe weggeführt, und Cook machte sich mit bewaffneten Männern auf den Weg nach der Residenz des Königs.

IV.

Alles war ganz ruhig, und es war aller Anschein der Unterwürfigkeit vorhanden, bis die Nachricht kam, daß einer der eingebornen Häuptlinge von den Leuten in den Booten getötet worden wäre. Jetzt begannen die Wilden, sich mit langen Speeren, Keulen Messern und Matten zu bewaffnen, und die Frauen, welche auf dem Ufer plaudernd und essend gesessen waren, entfernten sich, während ein leises Gemurmel durch die Menge lief. Ein alter Priester kam mit einer Kokosnuß und versuchte durch Singen und Lärmen die Aufmerksamkeit des Kapitäns Cook zu zerstreuen. Er fing an zu denken, daß Gefahr vorhanden wäre, und zog sich mit den Marinesoldaten ans Ufer zurück, indem er den König bei der Hand hielt, welcher ganz ruhig und willig mit ihm ging. Die Eingebornen machten eine Gasse für sie, und da sie nur noch fünfzig oder sechzig Ellen zu gehen hatten, und da die Boote (nur) ungefähr so weit als ihre Länge von dem Ufer entfernt lagen, hatte man keine Befürchtung (Ahnung) des traurigen Ausgangs.

Der jüngste Sohn des Königs trat ohne Zögern in die Pinasse, und der König selbst war im Begriff dasselbe zu thun, als seine Frau ihre Arme um seinen Hals warf und ihn mit zwei oder drei Häuptlingen zurückhielt. Cook wünschte, den König an Bord zu bekommen, aber nach fruchtlosen Versuchen war er bereit es aufzugeben, als einer der Eingebornen einen Stein auf ihn warf.

Cook feuerte mit Schrot auf ihn, aber der Bursche hatte eine dicke Matte, und die Ladung hatte wenig Wirkung. Ein andrer schwang seinen Speer, als Cook seinen zweiten Lauf anlegte und, während er ihn verfehlte, den nächsten erschoß; dann zielte der Sergeant und tötete ihn (den ersteren) auf der Stelle. Als der Mann fiel, zogen sich die Eingebornen zurück und warfen eine Ladung (Menge) Steine. Hierauf feuerten die Marine-Soldaten, und das Gleiche thaten die Leute in den Booten. Cook billigte dieses Schießen nicht und winkte mit der Hand, um es aufzuhalten, indem er auch wünschte, daß die Boote näher kommen sollten, um die Marine-Soldaten aufzunehmen. Unglücklicherweise wurde dieses Winken mit der Hand von einem der Offiziere für ein Zeichen gehalten, weiter vom Ufer wegzugehen; die Eingebornen machten einen Angriff, die Marine-Soldaten eilten nach den Booten, und Cook wurde allein gelassen.

Er ging gegen das Boot, mit einer Hand auf dem Hinterkopf, um ihn gegen die Steine zu schützen, und mit seinem Gewehr unter dem Arm. Ein Eingeborner folgte mit großen Zeichen von Furcht und schlug ihn mit einer Keule auf die Rückseite des Kopfes (den Hinterkopf). Cook wankte und fiel, dann stach ihn ein andrer mit einem Dolch in den Hals. Cook wankte knietief in das Wasser, indem er während dieser ganzen Zeit fünf oder sechs Ellen von seinem eignen Boot entfernt war. Die Wilden umringten ihn und rangen mit ihm im Wasser, und schließlich töteten sie ihn, während die Leute in dem Boot, sozusagen innerhalb einer Armslänge von ihm, so verwirrt und dicht umstellt waren, daß sie nichts thun konnten. Unter diesen Umständen wurde die Schuld einem oder zwei Personen zugeschoben, indem man ihnen entweder Nachlässigkeit oder Dummheit vorwarf; aber es scheint kein Wunder, daß bei einer solchen Menge von Angreifern das Resultat (der Ausgang) so verhängnisvoll (todbringend) war. Cooks Leichnam wurde von den Wilden verzehrt, und nur einige Knochen und die Hände, die schon eingesalzen waren, wurden dadurch erlangt, daß man ein Dorf verbrannte, und durch andre Akte des Kriegs.

Das besondre Verdienst von Cooks Reisen besteht darin, daß alles mit einem genauen und beobachtenden Auge gesehen ist. Er beschreibt die Produkte, die Gewohnheiten der Eingebornen, die Erscheinungen der Meere, Wasserhosen in der Luft, Austernbänke, kurz alles auf eine Weise, welche uns interessiert und ergötzt.

8. Die Entdeckung Amerikas.

I.

Am 3. August, im Jahr 1492, segelte Kolumbus, ein wenig vor Sonnenaufgang, ab, in Gegenwart einer großen Menge von Zuschauern, welche ihre Gebete zum Himmel schickten für den glücklichen Ausgang der Seereise, den sie eher wünschten, als erwarteten. Kolumbus steuerte direkt nach den kanarischen Inseln und kam dort ohne irgend ein Ereignis an, das bei einem andern Anlaß Aufmerksamkeit verdient hätte. Aber auf einer Reise von solcher Erwartung und Wichtigkeit war jeder Umstand der Gegenstand der Aufmerksamkeit.

Am 1. Oftober waren sie, nach der Rechnung des Admirals, 770 Meilen westwärts von den kanarischen Inseln; aber damit seine Leute nicht durch die ungeheure Länge der Schiffahrt eingeschüchtert würden, gab er an, daß sie nur 584 Meilen vorgerückt wären, und zum Glück für Kolumbus hatten weder sein eigner Steuermann, noch die der andern Schiffe Geschicklichkeit genug, um diesen Irrtum zu korrigieren (aufzuklären) und den Betrug zu entdecken.

Sie waren jetzt über 3 Wochen zur See (auf dem Meer) gewesen; sie waren viel weiter vorgerückt, als was frühere Schifffahrer versucht oder für möglich gehalten hatten; alle ihre Vorzeichen der Entdeckung, welche von dem Flug der Vögel und andern Umständen genommen worden waren, hatten sich als falsch erwiesen; die Erscheinungen von Land, womit ihre eigne Leichtgläubigkeit oder die List ihres Befehlshabers von Zeit zu Zeit ihnen geschmeichelt oder sie unterhalten (hinters Licht geführt) hatten, waren alle nur Täuschung gewesen, und ihre Aussicht auf Erfolg schien jetzt entfernter zu sein als je.

Diese Gedanken kamen oft Leuten, welche kein andres Ziel oder keine andre Beschäftigung hatten, als über die Absicht und die Umstände ihrer Expedition zu klügeln und zu schwatzen. Sie machten zuerst Eindruck auf die Unwissenden und Furchtsamen, und indem sie sich nach und nach auf solche ausdehnten, welche besser unterrichtet und entschlossener waren, verbreitete sich die Ansteckung zuletzt von Schiff zu Schiff. Von heimlichem Geflüster oder Murren gingen sie zu offenen Ränken und öffentlichen Klagen weiter. Sie beschuldigten ihre Königin einer unbesonnenen Leichtgläubigkeit, weil sie den leeren Versprechungen und tollkühnen Plänen eines armen Ausländers soviel Rücksicht gezollt hätte, daß sie das Leben so vieler Unterthanen bei der Verfolgung eines chimärischen Planes aufs Spiel setzte. Sie behaupteten, daß sie ihre Pflicht vollkommen erfüllt hätten, dadurch, daß sie sich soweit auf eine unbekannte und hoffnungslose Fahrt gewagt hätten, und daß sie sich keinen Tadel zuziehen könnten, dafür, daß sie sich weigerten, einem verzweifelten Abenteurer noch länger ins gewisse Verderben zu folgen. Sie behaupteten, daß es nötig wäre, an die Rückkehr nach Spanien zu denken, so lange noch ihre schadhaften Schiffe in einem Zustand wären, die See zu halten; aber sie drückten ihre Befürchtungen aus, daß der Versuch sich als vergeblich erweisen würde, da der Wind, der ihrer Fahrt bisher so günstig gewesen war, es unmöglich machen mußte, in der entgegengesetzten Richtung zu segeln.

II.

Alle kamen überein, daß Kolumbus mit Gewalt gezwungen werden sollte, eine Maßregel anzunehmen, von welcher ihre gemeinsame Rettung in Zukunft abhing. Einige der verwegensten schlugen vor, als die schnellste und sicherste Art, seine Gegen=Vorstellungen (s. Widerstand) auf einmal los zu werden, ihn ins Meer zu werfen, da sie überzeugt wären, daß bei ihrer Rückkehr nach Spanien der Tod eines unglücklichen Projektenmachers wenig Aufsehen erregen (würde) und daß er nicht genau untersucht werden würde.

Kolumbus erkannte vollständig seine gefährliche Lage. Er hatte mit großer Bekümmernis die gefährliche Wirkung der Unwissenheit und der Furcht, Abneigung unter der Mannschaft zu erwecken, be= obachtet und sah, daß sie jetzt bereit war, in offenen Aufruhr aus= zubrechen. Er behielt jedoch vollkommene Geistesgegenwart. Er stellte sich, als ob er ihre Machinationen nicht kennte. Ungeachtet der Aufregung und Bekümmernis seines Geistes, erschien er mit heiterer Miene, wie ein Mann, der mit den Fortschritten, die er gemacht hatte, zufrieden war und auf den Erfolg vertraute. Bald wendete er alle Künste der Überredung an, um seine Leute zu be= sänftigen, bald bemühte er sich, auf ihren Ehrgeiz oder ihre Hab= sucht zu wirken durch prachtvolle Beschreibungen des Ruhmes und des Reichtums, welche sie im Begriffe wären zu erwerben. Bei andern Gelegenheiten nahm er einen Ton der Autorität an und drohte ihnen mit der Rache ihrer Königin (ihres Herrschers), wenn sie durch ihr feiges Benehmen diese edle Anstrengung vereitelten, den Ruhm Gottes zu befördern und den spanischen Namen über den aller andern Nationen zu erheben. Selbst bei den aufrühreri= schen Matrosen waren die Worte eines Mannes, den sie zu ver= ehren gewohnt waren, gewichtig und überredend und hielten sie nicht nur von jenen Gewaltthätigkeiten zurück, die sie ersannen, son= dern bewogen sie auch, noch eine Zeitlang ihren Admiral zu begleiten.

III.

Als sie weitersegelten, schienen die Anzeichen des nahenden Landes gewisser zu sein und erregten neue Hoffnung. Die Vögel fingen an in Scharen gegen Süd=Westen zu fliegen. Kolumbus, in= dem er die portugiesischen Seefahrer nachahmte, welche bei mehreren ihrer Entdeckungen durch den Flug der Vögel geleitet worden waren, änderte seinen Lauf vom direkten Westen gegen diejenige Richtung, wohin sie ihren Flug nahmen. Aber nachdem er einige Tage in dieser neuen Richtung, ohne bessern Erfolg als früher, angehalten hatte, nachdem er während dreißig Tagen nichts als Meer und Himmel gesehen hatte, sanken die Hoffnungen seiner Begleiter schneller, als sie entstanden waren; ihre Befürchtungen wurden im= mer stärker, die Ungeduld, die Wut und Verzweiflung erschienen auf jedem Gesicht. Aller Sinn für Gehorsam war verloren. Die Offiziere, welche bisher mit K. übereingestimmt und seine Autorität unterstützt hatten, nahmen jetzt mit den gemeinen Soldaten Partei; sie versammelten sich geräuschvoll auf dem Verdeck, stritten mit ihrem Befehlshaber, mischten Drohungen mit ihren Vorwürfen und ver=

langten, daß er augenblicklich umkehren und nach Europa zurück=
segeln (zurückkehren) sollte.

K. bemerkte, daß es unnütz sein würde, zu einer seiner frühern
Künste seine Zuflucht zu nehmen, welche so oft versucht worden
waren und darum ihre Wirkung verloren hatten, und daß es un=
möglich wäre, einen Eifer für die Expedition unter Leuten wieder
zu entzünden, in deren Brust die Furcht jedes edle Gefühl ausge=
löscht hatte. Er sah, daß es ebenso vergeblich war, an die An=
wendung entweder sanfter oder strenger Maßregeln zu denken, um
einen so allgemeinen und so heftigen Aufruhr zu unterdrücken. Aus
allen diesen Gründen war es notwendig, Leidenschaften, die er nicht
länger beherrschen konnte, zu besänftigen und einem allzu heftigen
Strom, als daß ihm konnte gesteuert werden, nachzugeben. Er
versprach feierlich seinen Leuten, daß er ihre Bitte erfüllen würde,
wenn sie ihn noch drei Tage begleiten und seinem Befehl gehorchen
wollten, und wenn während dieser Zeit das Land nicht entdeckt
würde, so wollte er die Unternehmung aufgeben und seine Fahrt
nach Spanien lenken (richten).

IV.

So wütend auch die Matrosen waren und so ungeduldig, ihr
Gesicht wieder gegen ihr Heimatland zu wenden, schien ihnen doch
dieser Vorschlag nicht unbillig; auch riskierte K. nicht viel, indem er
sich auf einen so kurzen Termin beschränkte. Die Vorzeichen, Land
zu entdecken, waren jetzt so zahlreich und versprechend, daß er sie
für unfehlbar hielt. Während einiger Tage erreichte das Senkblei
den Grund, und der Boden, welchen es mit heraufbrachte, zeigte
an, daß das Land nicht fern sein konnte. Die Scharen der Vögel
vermehrten sich und bestanden nicht nur aus Seevögeln, sondern
auch aus solchen Landvögeln, welche vermutlich nicht weit vom
Ufer fliegen konnten. Die Mannschaft der Pinta bemerkte ein
schwimmendes Rohr, welches frisch geschnitten worden zu sein schien
und ebenso ein Stück eines künstlich geschnitzten (behauenen) Balkens.
Die Matrosen an Bord der Nina fischten den Ast eines Baumes
mit roten, vollkommen frischen Beeren auf. Die Wolken um die
untergehende Sonne nahmen ein neues Ansehen an; die Luft war
milder und wärmer, und während der Nacht wurde der Wind un=
gleich und veränderlich. Aus allen diesen Anzeichen wurde Kolum=
bus so überzeugt, daß er dem Lande nahe war, daß er am Abend
des 11. Oktober nach öffentlichen Gebeten für den Erfolg befahl,
die Segel einzuziehen und die Schiffe aneinanderzulegen und ge=
nau acht zu geben, damit sie nicht in der Nacht ans Ufer getrieben
würden. Während dieser Zwischenzeit der Ungewißheit und Erwar=
tung schloß niemand die Augen, alle blieben auf dem Verdeck und
schauten eifrig nach der Richtung (Gegend), wo sie erwarteten, das
Land zu entdecken, welches so lang das Ziel ihrer Wünsche ge=
wesen war.

V.

Ungefähr 2 Stunden vor Mitternacht beobachtete K., der auf dem Vorderteil stand, ein Licht in einiger Entfernung und zeigte es heimlich dem Pedro Guttierez, einem königl. Pagen. Guttierez bemerkte es und rief Salcedo, dem Kontrolleur der Flotte; alle drei sahen es in Bewegung, als wenn es von Ort zu Ort getragen würde. Ein wenig nach Mitternacht hörte man von der Pinta, welche immer den andern Schiffen voraussegelte, den freudigen Ruf: „Land, Land;" aber da man so oft durch trügerische Anzeichen (Erscheinungen) getäuscht worden war, so wurde jedermann schwergläubig und wartete in aller Angst und Ungeduld auf die Rückkehr des Tages.

Sobald als der Morgen tagte, waren alle Zweifel und Befürchtungen verschwunden. Von jedem Schiff sah man ungefähr zwei Meilen nordwärts eine Insel, deren ebene und grüne Felder stark mit Holz bewachsen und mit vielen Bächlein bewässert, den Anblick eines prächtigen Landes gewährten. Die Mannschaft der Pinta begann augenblicklich das Te Deum als ein Lob- und Danklied gegen Gott, in welches die andern Schiffe mit Freudenthränen und Glückwünschungen einstimmten.

Diesem Gottesdienst der Dankbarkeit gegen den Himmel folgte ein Akt der Gerechtigkeit gegen ihren Befehlshaber. Sie warfen sich zu den Füßen des K. mit Gefühlen der Selbstverdammung, vermischt mit Ehrfurcht. Sie baten (beschworen) ihn, ihre Unwissenheit, Leichtgläubigkeit und Frechheit zu verzeihen, welche ihm so viele unnötige Unruhe verursacht und so oft die Verfolgung seines wohlberechneten Planes verhindert hatten, und indem sie in der Wärme ihrer Bewunderung von einem Extrem ins andre fielen, erklärten sie nun den Mann, den sie kürzlich so beschimpft und bedroht hatten, für einen Mann, der vom Himmel mit übermenschlichem Scharfsinn und Seelenstärke erfüllt war, um ein Projekt in Ausführung zu bringen (auszuführen), das so weit über die Ideen und die Fassungskraft aller früheren Zeitalter hinausging.

Sobald als die Sonne aufging, wurden alle ihre Boote bemannt und bewaffnet. Sie ruderten gegen die Insel mit fliegenden Fahnen, mit kriegerischer Musik und anderm kriegerischem Pomp. Als sie sich der Küste nahten, sahen sie dieselbe mit einer Menge Leute bedeckt, die die Neuheit des Schauspiels versammelt hatte, und deren Stellungen und Geberden die Verwunderung und das Erstaunen ausdrückten über die seltsamen Gegenstände, die sich ihrem Blick darboten.

VI.

Kolumbus war der erste Europäer, der seinen Fuß auf die Neue Welt setzte, welche er entdeckt hatte. Er landete in reicher Kleidung und mit dem bloßen Degen in der Hand. Seine Leute folgten ihm und indem sie niederknieten, küßten sie alle den Boden, den sie so lange zu sehen gewünscht hatten; sie errichteten sodann

ein Kruzifix, warfen sich vor demselben nieder und dankten Gott
dafür, daß er ihre Reise (Fahrt) zu einem so glücklichen Ausgang
geführt hatte. Alsdann nahmen sie feierlich Besitz von dem Lande
für die Krone von Kastilien und Leon mit allen Förmlichkeiten,
welche die Portugiesen bei Handlungen dieser Art bei ihren neuen
Entdeckungen zu beobachten pflegten.

Während die Spanier so beschäftigt waren, wurden sie von
vielen Eingebornen umringt, welche in schweigender Bewunderung
auf die Handlungen blickten, die sie nicht verstehen und wovon sie
die Folgen nicht vorhersehen konnten.

Die Kleidung der Spanier, die Weiße ihrer Haut, ihre Bärte,
ihre Waffen erschienen seltsam und überraschend. Die großen Ma=
schinen, in welchen sie über das Meer gekommen waren, die sich
mit Flügeln auf dem Wasser zu bewegen schienen und die einen
donnerähnlichen Laut von sich gaben, begleitet mit Blitz und Rauch,
flößten ihnen einen solchen Schrecken ein, daß sie anfingen, ihre neuen
Gäste als Wesen von höherem Rang zu betrachten, und schlossen,
daß sie Kinder der Sonne wären, welche herabgestiegen wären, um
die Erde zu besuchen.

Die Europäer waren kaum weniger erstaunt über das Schau=
spiel, das jetzt vor ihnen lag. Jedes Gras und jede Staude und
jeder Baum war verschieden von denen, welche in Europa blühten.
Der Boden schien reich zu sein, aber er trug wenige Zeichen des
Anbaus. Das Klima, selbst für die Spanier, war warm, obschon
äußerst angenehm. Die Einwohner erschienen in der einfachen Un=
schuld der Natur. Ihr schwarzes Haar, lang und ungelockt, hing
auf ihre Schultern herab oder war in Zöpfen auf ihrem Kopf zu=
sammengebunden. Sie hatten keine Bärte, und ihr Leib war ganz
glatt. Ihre Haut(farbe) war von einer dunkeln Kupferfarbe, ihre
Gesichtszüge eher sonderbar als unangenehm, ihr Aussehen sanft
und schüchtern. Obgleich nicht groß, waren sie gut gewachsen und
stark. Ihr Gesicht und die übrigen Teile ihres Körpers waren
phantastisch mit hellen Farben bemalt. Sie waren zuerst scheu aus
Furcht, aber bald wurden sie mit den Spaniern vertraut und em=
pfingen mit Freude Falkenschellen, Glasperlen oder andre Kleinig=
keiten. Als Erwiderung dafür gaben sie solche Vorräte, wie sie sie
gerade hatten, und Baumwollen=Garn, die einzige Ware von Wert,
die sie hervorbringen (fabrizieren) konnten.

Gegen Abend kehrte K. auf sein Schiff zurück, begleitet von
vielen Insulanern in ihren Booten, welche sie „Kanoes" nannten,
und obschon aus dem Stamm eines einzigen Baumes roh verfertigt,
ruderten sie dieselben mit überraschender Geschicklichkeit. So wurde
bei der ersten Zusammenkunft zwischen den Einwohnern der Alten
und der Neuen Welt alles freundschaftlich und zu ihrer gegenseitigen
Befriedigung geleitet. Die erstern, aufgeklärt und ehrgeizig, mach=
ten sich schon weitgehende Gedanken in Bezug auf die Vorteile,
welche sie von den Gegenden ziehen könnten, die sich ihrer Aussicht

zu öffnen begannen. Die letztern, einfach und unverständig, hatten keine Voraussicht (Ahnung) von dem Unglück und der Verwüstung, welche ihrem Lande bevorstanden.

9. Kolumbus' erste Rückkehr nach Europa.

Die Reise war glücklich bis zum 14. Februar, und er war beinahe 500 Seemeilen über den Atlantischen Ozean vorgerückt, als der Wind anfing, sich zu erheben und mit wachsender Wut zu wehen (blasen) fortfuhr, der in einem fürchterlichen Orkan endigte. Alles, was die nautische Geschicklichkeit und Erfahrung des Kolumbus ersinnen konnte, wurde angewendet, um die Schiffe zu retten. Aber es war unmöglich, der Heftigkeit des Sturmes zu widerstehen, und da sie noch weit von jedem Land (entfernt) waren, so schien der Untergang unvermeidlich. Die Matrosen nahmen ihre Zuflucht zu Gebeten zum allmächtigen Gott, zur Anrufung der Heiligen, zu Gelübden und Zaubermitteln, zu allem, was die Religion diktiert oder der Aberglaube dem erschreckten Menschengeiste eingibt. Da keine Aussicht auf Rettung erschien, überließen sie sich der Verzweiflung und erwarteten jeden Augenblick, von den Wellen verschlungen zu werden. Außer den Leidenschaften, welche den menschlichen Geist in solchen schrecklichen Lagen natürlich aufregen und erschrecken, wann der gewisse Tod in einer seiner schrecklichsten Gestalten vor ihm steht, hatte K. noch ganz eigentümliche Gefühle des Kummers zu ertragen. Er fürchtete, daß alle Kunde von den erstaunlichen Entdeckungen, die er gemacht hatte, jetzt untergehen sollte; die Menschheit sollte jeder Wohlthat beraubt werden, die von dem glücklichen Erfolg seiner Pläne hätte abgeleitet werden können, und sein eigner Name würde auf die Nachwelt übergehen, als der eines tollkühnen, betrogenen Abenteurers, anstatt mit der Ehre überliefert zu werden, welche dem Urheber und Leiter der edelsten Unternehmung gebührt, die jemals unternommen worden war.

Diese Gedanken erlöschten jeden Sinn für seine eigne persönliche Gefahr. Weniger bekümmert um den Verlust des Lebens, als besorgt, das Andenken von dem zu bewahren, was er versucht und vollendet hatte, zog er sich in seine Kajüte zurück und schrieb auf Pergament einen kurzen Bericht über die Reise, die er gemacht hatte, über den Lauf, den er genommen, über die Lage und Reichtümer der Länder, die er entdeckt, und über die Kolonie, die er dort gelassen hatte. Nachdem er dieses in ein Wachstuch eingewickelt hatte, welches er in einen Wachskuchen einschloß, legte er es in ein sorgfältig zugestopftes Fäßchen und warf es in das Meer, in der Hoffnung, daß irgend ein glücklicher Zufall ein für die Welt so wichtiges Depositum bewahren möchte. Zuletzt legte sich die Vorsehung ins Mittel, um ein Leben zu retten, das für andre Dienste aufbewahrt war. Der Wind legte sich, das Meer wurde ruhig, und am Abend des 15. entdeckten K. und seine Gefährten Land. Sie fanden, daß es St. Marie war, eine von den Azoren.

10. Leben und Schriften Oliver Goldsmiths.

I.

Oliver Goldsmith war aus Irland gebürtig und war am 29. November 1728 geboren. Zwei Dörfer machen auf die Ehre Anspruch, seine Geburtsorte zu sein (ihm die Geburt gegeben zu haben): Pallas in der Grafschaft Longford und Elphin in der Grafschaft Roßcommon. Das erstere wird als der Ort genannt in der Grabschrift von Dr. Johnson, die auf seinem Denkmal in der Westminster-Abtei eingeschrieben ist, aber spätere Nachforschungen haben zu Gunsten Elphins entschieden.

Er war der zweite Sohn des hochwürdigen C. Goldsmith, eines Geistlichen der Landeskirche, aber ohne Vermögen. Er war ebenso sehr wegen seiner litterarischen Eigenschaften, als wegen seines Wohlwollens ausgezeichnet. Seine Familie bestand aus 5 Söhnen und 2 Töchtern, und von dieser kleinen Welt zu Hause hat G. viele von seinen häuslichen Szenen, sowohl launige (komische) als rührende, genommen (entlehnt). Seines Vaters Kamin lieferte viele der Familien-Szenen des Pfarrers von Wakefield, und man sagt, daß die gelehrte Einfachheit und die liebenswürdigen Eigentümlichkeiten jenes würdigen Geistlichen in dem Charakter des Dr. Primrose gezeichnet sind.

Nachdem er in den Klassikern unterrichtet war, um ihn für die Universität zu befähigen, wurde G. am 11. Juni 1744, damals 15 Jahre alt, im Dreieinigkeits-Kollegium in Dublin aufgenommen und im Februar 1749 zu der Magisterwürde zugelassen. Nach mannigfachen Beratungen in Bezug auf seinen künftigen Lebensberuf wurde zuletzt beschlossen, daß er Medizin studieren sollte, und er ging demgemäß im Jahr 1752 nach Edinburg und studierte daselbst die Arzneikunde unter den Professoren jener Universität.

Nachdem er einige Vorlesungen besucht hatte, hielt man es für ratsam, daß er seine medizinischen Studien auf der Universität Leyden vollenden sollte, welches damals als eine große, medizinische Schule berühmt war; und da er infolge seiner wohlwollenden Gesinnungen in Schwierigkeiten verwickelt worden war, vermehrt durch eine Verpflichtung, eine bedeutende Summe für einen Mitstudenten zu bezahlen, so mußte er Schottland schleunigst verlassen. Im Anfang des Jahres 1754 kam er in Leith an, wo er auf die Klage eines Schneiders in Edinburg, dem er für seinen Freund Bürgschaft geleistet hatte, verhaftet (arretiert) wurde. Durch die guten Dienste des Herrn Lachlan Maclane und des Dr. Sleigh, der damals im Kollegium war, wurde er aus den Händen des Polizeibeamten befreit und nahm seine Überfahrt auf einem holländischen Schiff nach Rotterdam, von wo er nach einem kurzen Aufenthalt nach Leyden ging.

II.

Seine Reiselust, welche lange geruht hatte, wurde jetzt ganz und gar erweckt; er besuchte einen großen Teil von Flandern, und nachdem er einige Zeit in Straßburg und Löwen war, wo er als Baktalaureus der Medizin promovierte, begleitete er einen englischen Herrn nach Bern und Genf. Er reiste während des größten Teils seiner Reise zu Fuß, da er England mit sehr wenig Geld verlassen hatte. Fähig, Ermüdung (Strapazen) zu ertragen und nicht leicht durch eine Gefahr abgeschreckt, bekam er eine schwärmerische Lust, verschiedene Länder zu besuchen. Er besaß einige Kenntnis des Französischen und der Musik und spielte ziemlich gut die deutsche Flöte, was aus einer Unterhaltung zeitweise das Mittel seines Unterhalts wurde. Seine Gelehrsamkeit verschaffte ihm eine gastfreie Aufnahme in den meisten religiösen Anstalten, und seine Musik machte ihn den Bauern Flanderns und andrer Gegenden Deutschlands willkommen. „So oft ich mich," sagte er, „gegen Einbruch der Nacht einem Bauernhause näherte, spielte ich eine meiner lustigsten Melodien, und das verschaffte mir nicht nur eine Nachtherberge, sondern auch meinen Unterhalt für den nächsten Tag; aber in Wahrheit muß ich gestehen, so oft ich versuchte, Leute von höherem Rang zu unterhalten, hielten sie immer mein Spiel für häßlich und gaben mir nie eine Anerkennung für meine Bemühungen, ihnen zu gefallen."

Bei seiner Ankunft in Genf wurde er als Reisebegleiter einem jungen Mann empfohlen, dem eine bedeutende Summe Geldes von seinem Onkel, einem Pfandleiher bei Holborn, hinterlassen worden war. Während Goldsmiths Aufenthalt in der Schweiz bildete er fleißig seine poetischen Talente aus, von denen er eine Probe gegeben hatte, während er in dem Lyceum zu Edinburg war. Von hier schickte er die erste Skizze seines köstlichen Gedichtes „der Reisende" an seinen Bruder, den Pfarrer in Irland, der mit einer liebenswürdigen Frau von einem Einkommen von 40 Pfund St. lebte. Von Genf besuchten G. und sein Zögling das südliche Frankreich, wo der junge Mann, nach einem Zwist mit seinem Lehrer, ihm den kleinen Teil seines Gehaltes bezahlte, welcher verfallen war, und sich in Marseille nach England einschiffte.

Unser Wanderer ward jetzt noch einmal in der weiten Welt gelassen. Er ging von hier zu Fuß fort und reiste auf diese Weise durch verschiedene Gegenden Frankreichs. Endlich setzte er seine Reise nach Italien fort, indem er Venedig, Verona, Florenz und andre berühmte Städte besuchte. In Padua, wo er sechs Monate blieb, soll er sein Doktorexamen gemacht haben. In Italien fand G. sein Talent zur Musik fast nutzlos, denn jeder Bauer war ein besserer Musiker als er, aber seine Geschicklichkeit im Disputieren diente noch seinem Zweck, und die religiösen Anstalten (Klöster) waren gleichmäßig gastlich. Endlich, nachdem seine Neugierde vollkommen befriedigt war, beschloß er, seine Schritte gegen seine Heimat zu lenken. Er kehrte durch Frankreich zurück, da es der kürzere Weg war und für einen Fußgänger größere Leichtigkeit gewährte. Er wurde wie früher beherbergt und verköstigt, manchmal in religiösen oder gelehrten Anstalten und manchmal in den Hütten der Bauern, und so mit Hilfe seiner Philosophie und Flöte disputierte und flötete er seinen Weg heimwärts.

III.

Er kam im Anfang des Winters 1756 in Dover an. Sein ganzer Kassenvorrat konnte die Kosten der gewöhnlichen Überfahrt nicht bestreiten, und weder seine Flöte noch seine Logik konnten ihm zu einem Abendessen oder zu einem Bett verhelfen. Er brachte es jedoch dahin (er ersann jedoch ein Mittel), London in Sicherheit zu erreichen, wo er, um seine eignen Worte zu gebrauchen, sich „ohne Freunde, ohne Geld oder Unverschämtheit" befand; auch war sein Geist mit den düstersten Besorgnissen erfüllt. Durch die gütige Empfehlung Dr. Radcliffe's, eines seiner Lehrer im Dreieinigkeits=Kollegium, erlangte er eine Stelle als Hilfslehrer an einer Knaben=schule oder Akademie. Aber einem Mann von seinem Temperament und von seinen Gewohnheiten war diese Beschäftigung besonders zuwider.

Wie lang er in dieser Stelle blieb, ist nicht bekannt, aber er verließ sie, um die eines Assistenten bei einem Chemiker (Apotheker) in der Nähe von Fish-street-hill zu übernehmen. Während er hier war, entdeckte er, daß sein alter Freund und Mitstudent Dr. Sleigh in London war, und er machte ihn bald ausfindig. Auf seinen Rat und freundliche Unterstützung fing G. als praktischer Arzt in Bankside, in Southwark an, von wo er nachher nach dem Temple zog. Seine Praxis war nicht sehr ergiebig; er mußte also zu seiner Feder seine Zuflucht nehmen, und so, wie er sagt, „mit sehr wenig Praxis als Arzt und sehr wenig Ruf als Dichter half ich mir durchs Leben (lebte ich so gut ich konnte)."

Ein rascher Wechsel fand nun in seinen Verhältnissen statt, in=folge der erhöhten Teilnahme (Gunst) der Buchhändler. Der ver=storbene Herr Newberry, welcher Männern von litterarischem Talent Ermutigung gab, wurde sein Gönner und führte ihn als einen der Schriftsteller in den Public Ledger (das „Offentl. Lagerbuch") ein, in welchem sein „Weltbürger" ursprünglich erschien unter dem Titel „Chinesische Briefe." Um diese Zeit schrieb er auch gelegentlich für das „Britische Magazin" und für die „Kritische Review," welche von Dr. Smollet redigiert wurden, aus welcher Verbindung G. wichtige Vorteile gezogen haben soll. Die freigebige Seele Smollet's machte ihn zum Freund jedes Schriftstellers in Bedrängnis, und er interessierte sich warm für G's Erfolg. Er empfahl ihn nicht nur der Gunst der hervorragendsten Buchhändler, sondern machte ihn auch mit den ersten litterarischen Charakteren (Persönlichkeiten) bekannt; aber der merkwürdigste in Hinsicht auf das Talent, dem er um diese Zeit vorgestellt wurde, war Dr. Johnson, mit welchem er jetzt in regelmäßige Verbindung trat, sei es aus Gleichartigkeit ihrer Anlagen oder ihrer Bestrebungen.

IV.

Er zog jetzt nach Wine Office Court in Fleetstreet, wo er eine vornehme Wohnung nahm, Staatsbesuche empfing und manchmal seinen litterarischen Freunden Gesellschaften gab. Aber seine Sorglosigkeit (Mangel an Vorsicht) und Freigebigkeit brachten bald Verwirrungen in seinen Verhältnissen hervor, ungeachtet der Summen, die er für seine Schriften erhielt, welche mehr als genügend hätten sein sollen, um ihn vor Schulden zu bewahren, und wir finden ihn in Verhaft für seinen Mietzins, gerade als er im Begriff war, seinen „Landpfarrer von Wakefield" für die Presse zu vollenden. In diesem Dilemma schickte er nach seinem Freunde Johnson, welcher das Werk dem Herrn Newberry für 60 Pfund verkaufte und seine Hausbesitzerin bezahlte.

Dieser Preis war gewiß gering für ein Werk von solchem Wert, aber der Name des Verfassers war damals dem Publikum noch nicht wohlbekannt, und der Käufer nahm die ganze Gefahr auf sich, dadurch, daß er das Geld bar ausbezahlte. Erst nach der Veröffentlichung seines „Reisenden," welcher großen Erfolg hatte, wagte Herr Newberry, den „Landpfarrer von Wakefield" zu drucken, und er erntete den doppelten Vorteil, welcher aus dem innern Wert des Werkes und (aus) dem steigenden Ansehen seines Verfassers entstand.

Nach dem Verkauf dieses Romans arbeitete G. fleißig für Herrn Newberry. Er revidierte und verbesserte mehrere Veröffentlichungen, unter andern „die Kunst der Poesie," ein „Leben von Beau-Nash" und eine neue Ausgabe seiner eignen Briefe, die er anfänglich dem Public Ledger geliefert hatte unter dem Titel „Weltbürger," ein Werk, welches Anspruch auf das Lob eines hohen Verdienstes (inneren Wertes) hat, und das noch (jetzt) unter den klassischen Erzeugnissen der britischen Muse seinen Rang behauptet. Er gab auch zu seinem eignen Vorteil eine Auswahl seiner (flüchtigen Stücke) Gelegenheitsschriften in einem Band heraus unter dem Titel „Essays" (litt. Versuche). G. nahm um diese Zeit seine Wohnung in dem Temple, wo er nachher immer wohnte.

V.

Unter der Zahl der litterarischen Freunde, welche ihn da besuchten und mit welchen er sich jetzt verband (in Verkehr trat), waren Burke, Fox, Johnson, Percy, Reynolds, Garrick, Colman, Boswell, Beauclerk, mit den Lords Nugent und Charlemont, (und) mit denen er den berühmten litterarischen Verein bildete, der um jene Zeit so bekannt war und in dem „Leben Johnson's" so oft erwähnt wird. Er gab jetzt seine Geschichte von England in einer Reihe von „Briefen eines Edelmanns an seinen Sohn" heraus. Dieses Werkchen wurde zuerst anonym veröffentlicht und wurde gewöhnlich dem Lord Littleton zugeschrieben, welcher damals einen gewissen Rang in der litterarischen Welt wegen seiner leichten Eleganz der Sprache einnahm. Daß es wirklich das Erzeugnis Goldsmith's war, wurde bald nachher bekannt, und wenige Werke haben eine größere Verbreitung gehabt.

Der Ruhm, den er jetzt als Kritiker, Romanschreiber und Dichter erworben hatte, veranlaßte ihn, sein Talent im Drama zu versuchen, und er brachte den „Gutmütigen Mann" auf das Covent-Garden-Theater.

Dr. Johnson schrieb den Prolog; aber es wurde nach neun Vorstellungen zurückgezogen. Er veröffentlichte sodann eine Reihe von Geschichten zur Belehrung der Jugend (junger Leser); dieses waren seine „Geschichte von England" in 4 Bänden; die „Geschichte von Rom" in 2 Bänden und die „Geschichte von Griechenland" in 2 Bänden. Für die „Geschichte von England" erhielt er von seinem Buchhändler 500 Pf. St. Diese geschichtlichen Zusammenstellungen besitzen alle die Leichtigkeit, Anmut und Einfachheit, die dem allgemeinen Stil ihres Verfassers eigen sind, und sind wunderbar gut berechnet, junge Leser durch die Anmut des Stiles anzuziehen. Der Erfolg, den sie bei ihrem ersten Erscheinen fanden, hat noch nicht nachgelassen, und sie werden noch jetzt als die besten historischen Werke zum Gebrauch der Jugend angesehen.

Sein nächstes Werk war das Gedicht „das verlassene Dorf." Vor seiner Veröffentlichung gab ihm der Buchhändler, der das Manuskript erhandelt hatte, eine Hundertpfundnote. Als er dies bald nachher einigen seiner Freunde sagte, bemerkte einer von ihnen, daß es eine sehr große Summe für eine so kurze Arbeit wäre. „Wahrlich," sagte G., „ich glaube es auch; es ist mehr als der ehrliche Mann aufwenden kann oder als das Stück wert ist. Ich bin nicht ruhig gewesen, seit ich es empfangen habe, ich will daher zurückgehen und ihm seine Note zurückgeben." Dies that er wirklich und überließ es ganz dem Buchhändler, ihn nach dem Gewinn zu bezahlen, den er aus dem Verkauf des Stückes erlöste, was jedoch sehr bedeutend ausfiel.

VI.

Nicht entmutigt durch die kalte Aufnahme, die sein erstes Theaterstück gefunden hatte, beschloß er ein zweites zu versuchen, und ungeachtet der Prophezeihungen eines gänzlichen Fehlschlagens fand sein Drama „Sie bückt sich, um zu erobern" oder „Mißverständnisse einer Nacht" allgemeinen Beifall und hält sich jetzt noch auf der Bühne. Nur mit der größten Mühe konnte Colman, der Direktor des Covent-Garden-Theaters, dazu gebracht werden, daß er einwilligte, das Stück einstudieren zu lassen, so überzeugt war er, daß es durchfallen würde. Am ersten Abend der Aufführung kam G. erst gegen das Ende der Vorstellung ins Theater, nachdem er im St. James-Park herumspaziert war, um über das wahrscheinliche Schicksal seines Stückes nachzudenken, und selbst dann wurde er nur mit Mühe von einem Freund dazu gebracht, sich in das Theater zu begeben.

Er war kaum in den Gang eingetreten, der zur Bühne führt, als seine Ohren von einem Pfeifen entsetzt wurden. Die Angst und Aufregung des armen Verfassers war so groß, daß er zu dem Direktor lief und ausrief: „Was ist das? was ist das?" „Bah! Doktor," erwiderte Colman mit sarkastischem Tone, „erschrecken Sie nicht über einige Schwärmer (Raketen), nachdem wir seit 2 Stunden auf einem Pulverfaß gesessen haben." G's. Stolz wurde durch diese Bemerkung so gekränkt, daß die Freundschaft, welche vorher zwischen ihm und dem Direktor bestanden hatte, von dem Augenblick an gelöst war.

Er veröffentlichte nachher „die Geschichte der Erde und der belebten Natur" im Anfang des Jahres 1774, womit er ungefähr 4 Jahre beschäftigt gewesen war. Die zahlreichen Auflagen, welche sie erlebt hat, beweisen, daß wenn es auch kein tiefes, es wenigstens ein unterhaltendes und nützliches Werk war. Dieses beschloß endlich die litterarischen Werke G's. Während des Verlaufs dieser Unternehmung soll er von dem Verleger 850 Pf. St. an Honorar erhalten haben.

VII.

Ungeachtet des großen Erfolgs seiner Erzeugnisse, von denen er aus einigen 1800 Pf. St. in einem Jahre einnahm, waren seine Verhältnisse nicht in einer günstigen Lage, teils wegen seiner angebornen Freigebigkeit und teils wegen einer Gewohnheit des Spielens, von dessen Kunstgriffen er sehr wenig verstand, und so wurde er die Beute derer, welche aus seiner Einfalt Vorteil zogen.

Vor seinem Tode veröffentlichte er den Prospektus eines allgemeinen Wörterbuchs der Künste und Wissenschaften, und da seine litterarischen Freunde Sir Josua Reynolds, Dr. Johnson, H. Beauclerk, H. Garrick u. a. es übernommen hatten, ihm Artikel über verschiedene Gegenstände zu liefern, so hegte er die sanguinischsten Erwartungen davon. Die Unternehmung fand jedoch nicht diejenige Ermutigung von Seiten der Buchhändler, welche er erwartet hatte, und er sah sich genötigt, den Plan aufzugeben. Man glaubt, daß er thörichterweise sich Erlösung aus seinen finanziellen Schwierigkeiten von diesem Plan versprochen hatte, und daß folglich sein Ärger über die Enttäuschung um so schärfer gefühlt wurde. Er beklagte sich oft über diesen Umstand bei seinen Freunden, und es ist kein Zweifel, daß derselbe neben andern Verdrießlichkeiten dazu beitrug, die Krankheit zu verschlimmern, welche mit seiner Auflösung endigte.

G. war seit einigen Jahren verschiedene Male von einem heftigen Übel befallen worden. Die Anfälle dieser Krankheit waren in letzter Zeit häufiger und heftiger geworden, und diese in Verbindung mit Ängstlichkeit seines Gemütes (Herzensangst) über seine zunehmenden Schulden verbitterten seine Tage und führten eine fast beständige Niedergeschlagenheit herbei. In diesem unglücklichen Zustand wurde er von einem Nervenfieber befallen, welches mit seinem

Tode endigte am 4. April 1774 im 45. Jahre seines Alters. Aus einigen Gründen, welche niemals aufgeklärt wurden, wurden seine Überreste heimlich in dem Temple-Kirchhof bestattet, nur von wenigen auserwählten Freunden begleitet. Kurze Zeit nachher jedoch wurde ihm durch Subskription ein Denkmal (or Monument) im Poet's Corner in der Westminster=Abtei zwischen Gay und dem Herzog von Argyle errichtet, und man nimmt an, daß der Bildhauer eine große Ähnlichkeit unsres Autors zustande gebracht hat.

Dramatisches Bruchstück.

Karl der Zwölfte.
Ein historisches Lustspiel in 2 Akten.

Personen:
Karl der Zwölfte, König von Schweden.
Oberst Reichel.
Gustav de Mervelt.
Major Vanberg, unter dem Namen Firmann.
Adam Brock, ein reicher Landwirt (Pächter) auf der Insel Rügen.
Triptolemus Muddelwerk, Bürgermeister von Cirkow.
Ulrike, Vanbergs Tochter.
Eudiga, Adam Brocks Tochter.
Erster und zweiter Offizier, Schildwache u. s. w.

Erster Aufzug.
Erster Auftritt. Der Hof einer kleinen Dorfschenke auf der Insel Rügen (Schwedisch Pommern). — Ein Pachthaus (or Bauernhaus).
Ulrike, aus der Schenke kommend, (tritt ein).

Ulrike (beim Eintreten). Ja, mein Herr, gewiß! In fünf Minuten! In welcher Eile dieser Fremde ist, und wie streng er auch spricht; er scheint ein Militär zu sein, — irgend ein Offizier, vermutlich, der an das Kommando=Wort gewöhnt ist. Sollte er Gustav kennen? Aber, ach! warum erlaube ich mir, an ihn zu denken? Vergiß nicht, Ulrike, daß Major Vanberg jetzt nur ein gemeiner Dorfwirt ist, und daß seine Tochter nicht mehr Anspruch machen darf auf die Hand eines Pagen Seiner Majestät.

(Adam Brock singt draußen.)
Lustig, lustig, lustig!
Immer lustig sein!
Niemals 'nen lust'gen Kerl es gab,
Der nicht auch ehrlich war.

Ulrike. Ah! da kommt unser gütiger und exzentrischer Freund und Nachbar, Adam Brock.

Brock. Ei was! Sie sind da! Gott segne Ihr hübsches lächelndes Gesichtchen! Es thut einem im Herzen wohl, Sie anzusehen.

Ulr. Ich kann nicht umhin zu lächeln, wann ich Sie sehe, Herr Brock, Ihre gute Laune steckt an; und zum Glück für uns, sicherlich; denn dieses Dorf würde nur ein langweiliger Wohnort sein, wenn Sie ihn verlassen sollten.

Brock. O wirklich! Ich weiß nicht, — ich sehe gern lustige Leute und versuche (or suche) deshalb, sie so zu machen, um meiner selbstwillen. Mein Leben, Mamsell Ulrike, ist ein langes herzliches Lachen gewesen, und so war auch das (Leben) meines Vaters vor mir. „Adam, du grinsender, junger Hund!" pflegte er zu mir zu sagen — „du bist deines Vaters Sohn bis auf das Kichern. Das Lachen, mein Junge, ist das unterscheidende Merkmal des Menschengeschlechts, aber erinnere dich, wenn du immer ein Lächeln auf deinem Gesichte haben möchtest, darfst (or mußt) du nie einer Handlung schuldig sein, die ein Lachen von dem Gesichte deines Nachbars verscheuchen (or verbannen) wird."

Ulr. Und Sie haben seine vortreffliche Ermahnung gut befolgt, dadurch, daß Sie sich bemühen, jedermann um Sie herum glücklich zu machen. Ich bin gewiß, mein armer Vater und ich können nie die Verbindlichkeiten zurückbezahlen (or vergelten), welche —

Brock (lachend). Ho, ho, ho! Verbindlichkeiten! Nun, was in aller Welt nennen Sie Verbindlichkeiten? Sind nicht Ihr Vater und ich Milchbrüder? Und war nicht sein Vater der beste Freund, den ich jemals hatte? Jetzt, reden Sie keinen solchen Unsinn. Aber, wo ist Ihr Vater? Ich habe eine Nachricht, die Sie beide gern hören werden: Mein Sohn Fritz ist Sergeant geworden. Er ist eben diesen Morgen herübergaloppiert, um das zu sagen, und war gleich wieder fort wie ein Pfeil. So wünsche ich, daß Sie beide zu uns herüberkommen und einen lustigen (or vergnügten) Tag zubringen.

Ulr. Ich würde sehr erfreut sein. Aber wir haben einen Offizier im Hause, der spät gestern Abend ankam; — er hat jedoch nach seiner Rechnung gefragt (or er hat seine Rechnung verlangt), deswegen — —

Brock. Gut, aber was dann? Wenn er nichts besseres zu thun hat, bringen Sie ihn mit; — je mehr Gäste, desto lustiger! Wenn er nicht stolz ist — ich bin es sicher nicht. Es macht für Adam Brock keinen Unterschied, ob ein ehrlicher Mann ein König ist, oder ein Schuhflicker! Wenn er ein herzliches Lachen gern hat (or liebt), und einen herzlichen Willkomm, so wollte ich mit dem einen ebenso gern wie mit dem andern scherzen und eine Flasche Wein trinken.

Ulr. Aber dann, mein Vater —, es möchte nicht sicher für ihn sein, lange in der Gesellschaft mit diesem Fremden zu sein.

Brock. Oh! es ist keine Gefahr dabei; aber, vielleicht mag es ebenso gut sein, es nicht zu riskieren. Doch hier kommt er; er kann für sich selbst sprechen.

Ulr. Dann will ich Sie Ihre eigne Übereinkunft machen lassen. Ich werde nur zu glücklich sein, den Tag mit Eudiga zuzubringen. (Geht ab.)

(Major Vanberg tritt von der Schenke herein.)

Brock. Freund Firmann, mein Junge ist Sergeant geworden.

Vanberg. Ich gratuliere Ihnen, Brock.

Brock. Gut, ich glaube, Sie thun es; aber niemand würde es denken, wenn er (or man) Sie hört. Ich wünsche, ich könnte Sie ein wenig heiterer sehen, Mann! Kommen Sie, ich wünsche, daß Sie mit mir nach Hause gehen und ein Glas Wein auf Fritzens Gesundheit trinken. Ulrike sagt mir, daß Sie einen Offizier im Hause haben, und ich sagte zuerst: Bringen Sie ihn mit, aber —

Vanb. Nicht um (or für) die Welt! Ich habe ihn bis jetzt vermieden; seine Gegenwart erschreckt mich. Ich war in der Hoffnung, daß dieser einsam gelegene Ort solchen Besuchern entgangen wäre. Karl der Zwölfte ist auf der Insel, und dieser Mann kann einer von seinem Gefolge sein. Sollte ich durch irgend einen Zufall entdeckt werden, so ist die Strenge des Königs allgemein bekannt.

Brock. Fürchten Sie nichts; der König selbst hat Sie nie gesehen, seitdem er 17 Jahre alt war (or seit seinem siebzehnten Jahre). Die meisten Offiziere hier sind Franzosen, welche zu Ville-Longue's Regiment gehören, und ich wette, daß Ihr ältester Bekannter Sie in dieser Verkleidung nicht kennt. Außerdem, wer zum Henker würde träumen, daß Sie es wagen, ein öffentliches Wirtshaus zu betreiben? Das ist es (ja), warum ich Sie drängte (or warum ich in Sie drang), es zu nehmen! Nein, nein, machen Sie ein kühnes Gesicht zu der Sache, und ein lustiges dazu. Lachen Sie, es gibt nichts, wie dieses! Lachen Sie, und niemand wird Sie in Verdacht nehmen (gegen Sie Verdacht schöpfen.)

Vanb. Ei, es ist leicht zu sagen: „Lachen Sie," Freund Brock.

Brock. Und leicht zu thun, Freund Firmann, wenn man ein reines (or gutes) Gewissen hat! Sie wissen, daß Sie unschuldig an dem Ihnen zur Last gelegten Verbrechen sind, und Sie hoffen, nächster Tage im stande zu sein, es zu beweisen. Nun also, lachen Sie. Auf mein Wort, Sie müssen lachen, Sie sollen lachen. Kommen Sie mit mir, und mein närrisches Mädchen soll sehen, ob sie Sie nicht lachen machen kann.

Vanb. (erschrocken). Sie weiß (hoffentlich) meine Geschichte nicht!

Brock. O gewiß nicht, nein, nein. Ich bin verschwiegen wie Wachs.

Vanb. Glauben Sie nicht, daß es für mich ist, daß ich fürchte (or daß ich für mich fürchte), es ist für Sie, mein gütiger, großmütiger Freund, daß ich zittere, wenn ich an die Gefahr denke, welcher ich Sie ausgesetzt habe.

Brock. Warum denken Sie denn daran? Ich denke nie daran. Was für einen Nutzen würde man haben, wenn man (or dadurch, daß man) den alten Adam Brock einige Jahre vor seiner Zeit aus dieser Welt fortschickte? Ho, ho! wie würde ich lachen, wenn ich sie dabei ertappen würde.

(Sie gehen die Stiege hinauf in sein Haus.)

Zweiter Auftritt.

(Ein Zimmer im Wirtshaus. Karl XII. tritt ein, mit einem Papier in der Hand.)

Karl. Diese Leute sind sehr arm, aber sehr ehrlich. Einen Gulden für Abendessen, Logis und Frühstück. Gut — ich darf nicht mehr bezahlen, denn wenn ich die Summe (nur) verdoppelte, würde es ihren Verdacht erregen, und eine Entdeckung meines Rangs würde meinen Plan vereiteln. Wahrlich! Der Senat kann mich dieses Mal nicht der Verschwendung anklagen. (Setzt sich an den Tisch und schreibt.) Aber, wo ist jetzt dieser Knabe, um meine Depeschen fortzutragen?

(Ulrike tritt ein.)

Ulr. (beiseite). Wenn ich, ohne Verdacht zu erregen, Nachrichten von Gustav erlangen (or bekommen) könnte — ich habe große Lust, zu fragen. Ich will es thun (tritt vor). Mein Herr!

Karl. Nun, was wünschen Sie, mein gutes Mädchen?

Ulr. Bitte um Verzeihung, mein Herr, aber darf ich eine Frage an Sie richten?

Karl. Ja, wenn sie kurz ist (wenn es eine kurze ist).

Ulr. Sie sind ein Offizier?

Karl. Ja.

Ulr. Und ein Schwede?

Karl. Ich danke dem Himmel.

Ulr. Waren Sie jemals in Stockholm?

Karl (lächelnd). Nun, ja; aber es sind jetzt mehr als 15 Jahre (vor mehr als 15 J.); und meine Freunde dort sind, glaube ich, ungeduldig, mich wieder zu sehen.

Ulr. (mit Zögern). Also mein Herr, was ich fragen wollte, ist: Haben Sie vielleicht einen Herrn Namens Gustav dort gekannt?

Karl. Gustav! Ich habe viele gekannt. Es war einer dieses Namens in meiner Familie — er starb im Augenblick des Sieges!

Ich habe mich bemüht, zu leben wie er; möge der Himmel mir vielleicht einen ebenso glorreichen Tod schenken! (Zu sich kommend.) Was für ein Gustav? (G. was?) Hatte er keinen andern Namen?

Ulr. (zögernd). Gustav de Mervelt.

K. Ah! Ei! de Mervelt — einen Adjutanten des Königs.

Ulr. Wirklich, mein Herr! Er war nur ein Page, als ich ihn kannte.

K. Und wie kamen Sie dazu, ihn zu kennen, junges Mädchen, he? Nun, jetzt ist es an mir, zu fragen (Fr. zu stellen). Waren Sie jemals in Stockholm?

Ulr. Mein Herr, ich — (beiseite) ich muß vorsichtig sein, (laut) einmal mit meinem Vater.

K. Und wie kam ein Page des Königs in Gesellschaft mit der Tochter eines Schenkwirts?

Ulr. Es war das Johannisfest, und er tanzte mit mir in dem Park.

K. Hm! (beiseite) diese jungen Schlingel von Pagen! Und haben Sie ihn seitdem nie gesehen?

Ulr. Leider nein.

K. Aus diesem Seufzer vermute ich, daß Sie ihn zu sehen wünschten.

Ulr. O, sehr, in der That.

K. Lieben Sie ihn?

Ulr. Mein Herr!

K. Ah, ich sehe, Sie lieben ihn. Thörichtes, junges Mädchen, was erwarten Sie, daß das Ende davon sein wird? Glauben Sie, daß er Sie heiraten wird? (Ulrike sieht ärgerlich (unwillig) aus.) Warum starrt das Mädchen so? Er sagte Ihnen das vermutlich, und Sie glaubten ihm. Ich sage Ihnen, er wird es nicht thun; glauben Sie mir das?

Ulr. Nein, mein Herr, ich glaube es Ihnen nicht; und wenn Gustav hier wäre, würde er seine Ehre und mein Vertrauen rechtfertigen. Ich sehe, Sie kennen ihn nicht; ich brauche Sie nicht weiter zu bemühen. (Ulrike geht hinaus.)

K. Bei meinem Leben (auf mein Wort), das ist ein kleiner Feuerbrand! Ihr Selbstgefühl gefällt mir — schade, daß sie ein Mädchen ist! Ich würde ihr auf der Stelle ein Offizierspatent gegeben haben. Aber dieser junge Sausewind Gustav — Ich werde dieser Geschichte (Sache) nachforschen. Ich machte ihn zu meinem Pagen, als er erst 15 Jahre alt war: Er war 4 Jahre mit mir in Deutschland und gewann meine Achtung durch seine Tapferkeit und Redlichkeit; er wurde befördert und vor der Schlacht bei Pultawa nach Hause geschickt; und als er vor 12 Monaten (vor einem Jahr) in Stralsund wieder zu mir stieß (kam), machte ich ihn zu meinem Adjutanten, zu meinem Sekretär; aber wenn ich finde, daß er auf die Einfalt dieses armen Mädchens gesündigt hat — —

(Gustav de Mervelt tritt ein.)

K. So, mein Herr, sind Sie endlich hier — ich habe auf Sie gewartet.

Gustav. Ich bitte Ew. Majestät um Verzeihung; aber —

K. Still! Ich möchte nicht gekannt sein — Nennen Sie mich einfach „Herr"; man könnte uns hören. Nun, sagen Sie an.

Gust. Auf dem Punkte, Stralsund zu verlassen, wurde ich von dem Statthalter zurückgerufen, der diese Depesche von St. erhalten hatte.

K. (indem er sie nimmt). Hm! Sie sind auch der Überbringer einer Depesche von St. für eine andre Person in diesem Hause?

Gust. Ich, mein Herr?

K. (ernst). Junger Mensch, besinnen Sie sich und antworten Sie mir ehrlich. Bei Strafe meines Mißfallens, haben Sie niemals einem jungen Mädchen, mit welchem Sie am Johannisfest im Park von St. tanzten, ein Heiratsversprechen gemacht?

Gust. Niemals, mein Herr, ich habe sogar niemals bei einer solchen Gelegenheit in dem Park getanzt.

K. Gustav de Mervelt, ich habe bis jetzt niemals entdeckt, daß Sie eine Lüge sagten! Auf Ihre Ehre, als (ein) schwedischer Soldat, sind Sie nicht bekannt mit einem jungen Mädchen Namens Firmann, der Tochter des Mannes, der dieses Wirtshaus betreibt?

Gust. Auf meine Ehre, nein; dieses ist das erste Mal, daß ich auf der Insel Rügen bin, und meines Wissens habe ich die Person, die Sie erwähnen, nie irgendwo (or nirgends) gesehen.

K. (gütig). Genug, Gustav, irgend ein Bursche hat einen Namen angenommen, von welchem er glaubte, daß er in den Augen eines einfachen Landmädchens seiner Eroberung Glanz verleihen könnte. Nun, was haben wir hier? (Bricht die Depesche auf und liest.)

Gust. (beiseite). Ein seltsamer Umstand!

K. Ha! Was ist das! (Liest.) „Da man bestimmt benachrichtigt worden ist (bestimmte Nachricht erhalten hat), daß Karl Vanberg, früher Kavallerie=Major, und von dem Senat auf den Verdacht der Verräterei zu ewiger Verbannung verurteilt, die Grenzen überschritten hat und verkleidet auf der Insel Rügen wohnt, so beeile ich mich, Ihre Majestät von der Thatsache in Kenntnis zu setzen, und" — So so!

Gust. (beiseite). Vanberg! Unglücklicher! Und ich habe dieses gebracht!

K. Wir haben Verräter unter uns, nicht wahr! Hm! Vergißt man Johann Patkul? Setzen Sie sich, mein Herr, und schreiben Sie, wie ich diktiere.

Gust. (beiseite). Grausame Aufgabe!

K. (diktiert). „An die Statthalter und Bürgermeister der Insel und des Fürstentums Rügen: Wir bieten hiermit die Summe von 2000 Kronen jedem an, der (den) Karl de Vanberg, einen verbannten Verräter, entdecken und ergreifen, und ihn in die Hände der Gerechtigkeit liefern wird." So, sind Sie fertig (haben Sie geendigt)? Geben Sie mir die Feder, um zu unterschreiben.

Gust. (beiseite). Er ist verloren, und Ulrike auch. Ist sie bei ihrem unglücklichen Vater?

K. Ein Licht, um diese Briefe zu siegeln (steht auf und geht hinaus).

Gust. Ja, mein Herr, (klingelt).

(Ulrike tritt herein.)

Ulr. Was beliebt, mein Herr?

Gust. (sich umwendend). Ein Licht, mein gutes Mädchen, um — (indem er Ulrike sieht) um Gottes Willen (gütiger Himmel)!

Ulr. Gustav!

Gust. Bei Ihrem Leben, kein Wort!

(Karl XII. tritt wieder ein.)

Gust. (beiseite). Sie kennen mich nicht — Schweigen und Mut, sonst sind wir verloren. Ein Licht, schnell, junges Mädchen.

K. (zu Ulrike, die eben hinausgehen will). Bleiben Sie, kommen Sie hierher. Wenn ich eben vorhin heftig mit Ihnen sprach, so war es, weil ich Ihnen wohl will. Sagen Sie mir jetzt, was für eine Art von Person war der junge Herr, von dem Sie sprachen?

Ulr. (beiseite). Ich weiß nicht, was ich sagen soll.

K. Ich meine, wie er ausgesehen hat? Z. B. — war er größer oder kleiner als mein Freund hier?

Ulr. Beinahe von derselben Größe.

K. (beiseite). Sie kennt ihn nicht — es war also, wie ich vermutete. (Laut.) Er war ein Schurke, mein armes Mädchen, und nicht Gustav de Mervelt. Gehen Sie, bringen Sie mir ein Licht, und vergessen Sie den Burschen, sobald als Sie können.

(Ulrike geht ab.)

Gust. (beiseite). Für den Augenblick gerettet! Aber was wird aus ihnen werden?

K. (am Tisch sitzend). Lassen Sie einen Kurier mit diesen Depeschen nach Str. abgehen; dieses werden Sie selbst den Behörden in Bergen übergeben, und Abschriften sollen sogleich an alle Magistrate auf der ganzen Insel geschickt werden. Kehren Sie hierher zu mir zurück, aber kein Wort zu den Bewohnern, wer ich bin.

(Ulrike tritt wieder ein mit einem brennenden Licht.)

K. (während er die Briefe siegelt). Ist nicht ein Mann, Namens Brock, in dieser Gegend (or Nachbarschaft)?

Ulr. Ja, Adam Brock; jenes große Bauerngut ist sein, (das) unserm Haus gegenüber (liegt).

K. Gut! Ich habe ein Geschäft mit ihm.

Ulr. Soll ich nach ihm schicken und ihm das sagen?

K. Nein, ich will ihn selbst besuchen (steht auf und gibt Gustav die Briefe). Fort, mein Herr, und denken Sie an meine Instruktionen. (Karl geht ab.)

Gust. (zurückkommend). Ulrike, meine Geliebte! (Sie umarmen sich.) Ihre Geistesgegenwart hat uns für den Augenblick gerettet — aber wo ist Ihr Vater?

Ulr. Er betreibt dieses Wirtshaus und ist in diesem Augenblick bei dem nämlichen Adam Brock, von dem ich eben gesprochen habe.

Gust. Er muß gleich fliehen, ehe dieser Befehl, den ich trage, bekannt gemacht wird. Sein Aufenthalt ist entdeckt — ein Preis (ist) auf seinen Kopf gesetzt. O Ulrike! Nach fünfjähriger Trennung sich so begegnen! Aber ich darf nicht bleiben.

Ulr. Einen Augenblick! Wer ist dieser Mann?

Gust. Ein vornehmer Offizier, vom Gefolge des Königs. Fliehen Sie beide, aber, wohin Sie auch gehen, erinnern Sie sich an Gustav.

Dritter Auftritt.

(Wohnzimmer bei Adam Brock. Triptolemus Muddelwerk tritt ein.)

Mud. Herr Brock! Herr Brock! Wo ist er? Armer, einfältiger Mann! Er bildet sich wenig ein, was vorgeht! Er thut nichts als lachen, — lachen den ganzen Tag lang und läßt seine Tochter thun, was sie will. Er wird jedoch nicht lachen über die Neuigkeit (Nachricht), welche ich ihm zu sagen habe, das ist ein Trost. Wie dankbar sollten die Einwohner von Cirkow sein für einen so vortrefflichen Bürgermeister wie Tr. Muddelwerk! Ohne meinen Verstand und meine Thätigkeit würden die armen Geschöpfe niemals die Hälfte ihres Unglücks kennen.

(Adam Brock tritt ein mit einer Flasche Wein.)

Brock. Heda! Herr Bürgermeister! Welcher Wind hat Sie hierher geblasen? Was für eine schreckliche Entdeckung hat Ihre verehrungswürdige Nase so hoch erhoben und Ihr Gesicht so lang gemacht, wie das eines holländischen Nußknackers?

Mud. Nun, das ist eine sehr grobe Rede, Herr Brock, an einen Zivilbeamten, besonders, wenn es sich nur um Ihr Interesse handelt.

Brock (beiseite). Zum Henker, Ihr Interesse! Dieser vorwitzige Einfaltspinsel wird mich jetzt für den ganzen Tag aus meiner guten Stimmung bringen.

Mub. Und, was das lange Gesicht betrifft, Herr Brock, so werden Sie sich gefälligst erinnern, daß ich einen sehr langen Kopf habe.

Brock. Ja, und Sie sollten auch sehr lange Ohren haben.

Mub. Die Stelle (das Amt) eines Bürgermeisters ist keine so leichte (kein so leichtes), wie manche (or einige) Leute glauben; es verlangt große Geschicklichkeiten, Herr Brock, und, wie absichtlich, um die meinigen auf die Probe zu stellen, sind die Sachen in der Umgegend schlimmer geworden, seit ich im Amte bin, als jemals vorher — nun, das ist doch sehr seltsam.

Brock. Es würde seltsam gewesen sein, wenn sie nicht schlimmer geworden wären.

Mub. Was, wenn (wo) ich so wachsam bin? — Wenn kein Tag vergeht, ohne daß ich ein Geheimnis entdecke, wie Ödipus?

Brock. Geheimnis! Sie machen ein Geheimnis aus dem Schälen einer Rübe. Es wird kein Schwein in der Pfarrei (or Gemeinde) geschlachtet, ohne daß Sie sein Quieken für etwas Außerordentliches halten, und kein Pudding gekocht, daß Sie nicht Verrat in dem Rauch sehen.

Mub. Gewiß, ich wäre ein sauberer Bürgermeister, wenn ich nicht viel mehr in den Dingen sähe, als sie bedeuten. Sie, freilich, sehen keinen Verrat, wenn er vor Ihren Augen liegt, wie Julius Cäsar im Kapitol.

Brock (beiseite). Er hat gewiß keinen Verdacht. (Laut.) Der Henker hole Ihre Geschichte, sprechen Sie es auf einmal aus, Mensch — was ist Ihr Geschäft mit mir?

Mub. Ihre Tochter, Herr Brock —

Brock. Gut, was ist mit ihr?

Mub. — wurde diesen Morgen mit einem Soldaten im Walde spazieren gehen gesehen, hinter dem Dorfe.

Brock. Ei, was Sie sagen! Sie können das nicht meinen.

Mub. Es ist (eine) Thatsache; ich sah sie mit meinen eignen Augen, wie Antonius und Kleopatra.

Brock. Und wissen Sie, wer der Soldat war?

Mub. Nein, aber ich habe meinen Verdacht.

Brock. Den habe ich auch; ich vermute stark, daß es ihr Bruder war. Jetzt, Herr Geheimnis(krämer), was haben Sie dazu zu sagen?

Mub. Ihr Bruder! Hm! Das ist sehr seltsam (or kurios); gut, aber wenn es ihr Bruder war, er brachte einen Brief von Stralsund.

Brock. Und angenommen, er brachte einen, was dann?

Mub. Ei, er hat ihn fallen lassen, ich hob ihn auf; hier ist er: „An Mamsell Eudiga Brock," und es ist ein sehr verdächtiges Papier.

Brock. Ei! Gewiß sind Sie nicht unverschämt genug gewesen, ihn zu lesen?

Mub. Unverschämt! Wirklich, Herr Brock, ihn nicht gelesen? In der That, ich habe ihn doch gelesen, und ich sage, wenn Sie Ihrer Tochter erlauben, Briefe von Offizieren zu empfangen —

Brock. Halten Sie ein, Bürgermeister M.! Ich muß Ihnen einen guten Rat geben, ehe Sie weiter gehen. — Beschäftigen Sie sich, wie Sie wollen, mit solchen Staats-Angelegenheiten, welche Ihre Vorgesetzten einfältig genug sind, Ihnen (or Ihren Händen) anzuvertrauen, aber überlassen Sie die Familien-Angelegenheiten Adam Brocks seiner eignen Verwaltung (or Leitung), sonst gibt es, — so sehr ich auch das Gesetz und das Gericht achte — einen alten böhmischen Gebrauch, Beamte, welche ihre Pflicht übertreten, aus dem Fenster zu werfen, welchen ich an einem dieser Tage versucht sein könnte, (auch) in Pommern einzuführen. Ein Wort zu einem so weisen Menschen, wie Sie (sind), muß gewiß genug sein; dort ist ein Fenster.

Mub. Herr Brock, Sie sollen für dieses Rede stehen. Ich —

Brock. Und, weil ich eben daran denke —, es ist ein Graben darunter, der gerade sehr passend sein wird.

Mub. Herr Brock, Sie würden es nicht wagen —

Brock. Er ist nicht sehr tief; aber es ist Schlamm genug da, um Ihre Knochen vor dem Brechen zu bewahren, und so —

Mub. Ich wünsche Ihnen guten Morgen, Herr Brock.

(Läuft hinaus.)

Brock (in ein lautes Lachen ausbrechend). Ha, ha! Er wird sich für einige Zeit nicht mehr über meine Schwelle wagen, hoffe ich. Was für ein Narr bin ich, mich durch diesen Gimpel aus der guten Laune (or in Zorn) bringen zu lassen. Aber jetzt, ha! ha! jetzt ist alles vorbei. Hierher Eudiga!

(Eudiga tritt ein.)

Eudiga. Hier, Vater!

Brock. Hast du einen Brief verloren?

Eud. Einen Brief? — Nein — Halt — Ja; ich habe wirklich einen verloren, lieber Vater, haben Sie ihn gefunden?

Brock. Diese dumme Gans (dieser Esel) M. hat ihn aufgehoben; hier ist er.

Eud. (verlegen). Haben Sie ihn gelesen, Vater?

Brock. Ich nicht, aber jener spionierende Narr hat ihn gelesen. Eudy, er sagt mir, daß er von einem Offizier geschrieben ist, gib acht, Mädchen, gib acht, was du thust; ich verlange keine

Geheimnisse, besonders da dein Bruder der Träger (or Überbringer) war; aber diese jungen militärischen Stutzer sind häßliche Spielzeuge für ein Mädchen von 18 Jahren; sie gleichen ihren eignen Feuer= waffen, Eudy, sehr glänzend und schön anzusehen, aber mit Unheil geladen, und sie gehen los, wenn man es am wenigsten erwartet.

Eud. Mein lieber Vater, es war meine Absicht, heute noch mit Ihnen über diesen Gegenstand zu sprechen, wie Sie bemerken werden, wenn Sie Ihre Augen (or Ihren Blick) auf dieses Brief= chen werfen wollen. (Gibt es ihm.)

Brod. Wirklich! (liest). „Teuerste Eudiga — ich erkenne die Gerechtigkeit Ihres Tadels; auch will ich Sie nicht länger bitten, die Sache vor Ihren vortrefflichen Eltern geheim zu halten (or zu verschweigen)" — Auf mein Wort! der Bursche schreibt nicht schlecht, wer er auch ist. „Mein einziger Grund, warum ich wünschte, die Eröffnung zu verschieben, war die Hoffnung, die ich hege (or habe), daß einige Tage die Papiere in meine Hände brin= gen werden, welche für die Rechtfertigung Ihrer Freunde nötig sind, und daß ich dann (einigen) Anspruch auf die Achtung Ihres (Herrn) Vaters haben könnte, um meinen Vorschlag zu unterstützen." Was meint er damit, Eudy, he? — Und wer ist dieser Herr — Herr?

Eud. Reichel. Sie haben mich von einem jungen Obersten sprechen hören, den ich häufig bei meiner Patin in Stralsund an= getroffen (or begegnet) habe.

Brod. Bei deiner Patin! ah! da haben wirs; das kommt davon, daß man vornehme Leute zu Patinnen hat. Eudiga, bist du gewiß, daß er es ehrlich mit dir meint? Weiß er, daß du nur eines Landwirts Tochter bist?

Eud. Ja, wirklich, Vater.

Brod. Und wer sind die Freunde, für welche er sich interessiert?

Eud. (vertraulich). Major Vanberg und seine Tochter.

Brod. Major Vanberg! Ei, du kleiner Naseweis, wie kamst du dazu, etwas von Major von V. zu wissen?

Eud. Ei, glaubst du, Vater, man kann mir nicht ebenso gut ein Geheimnis anvertrauen als dir selbst? Ich bin Ulrikens Ver= traute, Sie sind des Majors Vertrauter. Oberst Reichel hat, ich hoffe gewiß, einen Beweis von seiner Unschuld erlangt, und ich habe das Vorzeigen desselben zur Bedingung gemacht, unter welcher er meine Hand als Belohnung verlangen darf (or Anspruch auf m. Hand machen darf). Wollen Sie sie ihm verweigern?

Brod. Verweigern? Er soll nur meinen alten Freund wie= der zu Ehren und Glück bringen, und, mein Wort darauf, wenn er will, soll er mich noch in den Kauf bekommen (or heiraten). Und so, du schlaues Mädchen, du weißt —

Eud. Alles. Ungerecht verbannt und sich sehnend nach sei= nem Vaterland, schrieb Major V. an seinen Milchbruder Adam

Brock. Trotz der Gefahr, welche alle bedroht (or allen droht), die einen Verfehmten beherbergen und beschützen, hörte mein gütiger, wackerer Vater nur auf die Eingebungen seines Herzens und lieferte dem armen Verbannten Geld und Verkleidung, führte seine Tochter wieder in seine Arme und richtete sie in der kleinen Schenke seines eignen Dorfes ein, um jeden Verdacht desto besser zu vereiteln.

Brock. Oh! Puh! Unsinn! Dein gütiger, braver Vater hat nichts gethan, als seine Pflicht gegen den Spielkameraden seiner Jugend und den Sohn seines Wohlthäters. Aber Eudy, meine Liebe, du hast ein gewagtes Spiel hier gespielt. Wenn dieser Oberst Reichel uns alle verraten sollte —

Eud. (vorwurfsvoll). Vater!

Brock. Oh! oh! Ja, natürlich; er ist vollkommen! Ich habe nie einen Liebhaber gekannt, der es nicht war. Gut, ich habe bis jetzt noch nie auf die Schattenseite (or schwarze Seite) eines Bildes gesehen, so lange als ich es vermeiden konnte, und ich will es nicht mit 52 Jahren beginnen; aber ich möchte diesen Obersten Reichel sehen. Aber, Eudy, wenn er uns aus einem andern Grunde weinen macht, als vor Freude, so werde ich ihm nie verzeihen.

Eud. Wenn der Dienst es ihm erlauben wird, Stralsund nur auf einige Stunden zu verlassen, so hat er versprochen, nach Cirkow herüber zu reiten.

Brock. Gut, wenn er sich gut benimmt, sollst du nicht ohne Mitgift zu ihm gehen, Eudy; Adam Brock kann mit diesem Obersten Thaler zählen, ich stehe dafür. (Beiseite). Daran ist jedoch der König nicht schuld, wie ich mir die Freiheit nehmen werde, Seiner Majestät zu sagen, wenn er mir jemals eine Gelegenheit dazu gibt.

Eud. Hier kommt der Major, lieber Vater, sagen Sie ihm nichts, bis wir des Erfolges sicher sind.

Brock. Oh! Stille! Laß mich allein. (Sie stellen den Tisch und die Stühle zurecht.)

(Major Vanberg tritt ein.)

Vanb. Ich dachte, ich hörte (or es war mir, als hörte ich) Ulrikens Stimme.

Brock. Sie ist noch nicht gekommen. Aber, kommen Sie her, setzen Sie sich — hier ist der Wein, und er ist sehr gut, ich kann Sie versichern. (Setzt sich und öffnet die Flasche.)

Eud. (durch das Fenster sehend). Hier kommt jetzt Ulrike.

(Ulrike tritt eilig ein.)

Brock. Kommen Sie, Mamsellchen, wir haben auf Sie gewartet.

Ulr. Verzeihen Sie! (läuft zu ihrem Vater und nimmt ihn beiseite). Vater, man hat unsern Aufenthalt im Verdacht; augenblickliche Flucht kann allein uns retten.

Vanb. Ach!

Ulr. Eine Belohnung ist für Ihre Ergreifung angeboten. Lieber Vater, laß uns fliehen.

Vanb. (bitter). Fliehen! Wohin, mein Kind? Wohin können wir fliehen? Die Insel wimmelt von Soldaten, und jeder Verkehr mit Str. ist streng verboten, ohne einen ausdrücklichen Befehl von dem König.

Brock (steht auf und tritt vor zu ihnen). Hollah! Was gibts? Sie scheinen erschreckt.

Vanb. Mein Freund, wir sind verraten; und wir sind verloren.

Brock. Verraten? (beiseite) Der verdammte Oberst! (laut) Nein, nein, erschrecken Sie nicht, da ist ein Mißverständnis.

Ulr. Nein, es ist bekannt, daß wir in Rügen sind und —
(Man klopft an die Thüre.)

Vanb. Sie kommen!

Brock. Nein, nein, sag ich Ihnen, — es kann nicht sein — es soll nicht sein! Hier hinein! Eudy und Sie alle.
(Vanberg und Ulrike gehen hinaus.)

Eud. (zu Brock). Lieber Vater, ist die Gefahr ernstlich?

Brock. Ernstlich! Oh, Eudy, Eudy! Ich fürchte, du hast uns ein böses Spiel gemacht. Aber hinein mit dir, und halte dich still, ich muß jetzt das beste thun, was ich kann. (Schiebt sie den andern nach.) Wo ist meine Pfeife? (Nimmt sie aus der Tasche und wirft sich in einen Stuhl.) So, jetzt bin ich bereit für sie. (Singt.)

Lustig, lustig, lustig!
Immer lustig sein!

(Man klopft.) Herein! herein! Bleiben Sie doch nicht vor der Thüre (da) stehen, kommen Sie herein, Freund, wer Sie auch sein mögen — keine Umstände hier. (Singt.)

Niemals 'nen lust'gen Kerl es gab,
Der nicht auch ehrlich war!

(Karl der Zwölfte tritt ein.)

Karl. Ich möchte mit Adam Brock sprechen.

Brock. Gut, Sie sprechen mit ihm; ich bin Adam Brock, zu Ihren Diensten. Wer mögen Sie sein?

Karl. Ein Offizier von des Königs Generalstab.

Brock. Nun, und Ihr Geschäft mit mir? Setzen Sie sich, Mann — keine Umstände, sage ich. Da ist ein Stuhl neben Ihnen. (Nimmt seine Tabaksdose heraus und stopft seine Pfeife.) Sie haben doch nichts gegen den Rauch (or das Rauchen)?

Karl (setzt sich neben den Tisch). Nein, und auch nichts gegen das Feuer, ich bin ziemlich an beide (or beides) gewöhnt.

Brock. Ha, ha! Ich zweifle nicht daran, da Sie einer von des Königs Offizieren sind. Sie müssen alle Salamander sein, um dicht bei ihm auszuhalten. Nun, Ihr Geschäft mit mir?

Karl. Erinnern Sie sich des Briefes, den Sie an den Regentschaftsrat nach der Schlacht bei Pultawa schrieben?

Brock. Vielleicht. Aber was wissen Sie davon (or darüber)?

Karl. Sie werden gleich hören. Ich war bei dem König in Bender, als ihm eine Abschrift davon mit der Nachricht von dem Sieg bei H. geschickt wurde. Er lautete so: „Meine Herren! Karl der Zwölfte haßt unnötige Worte — ich auch — Schweden braucht Geld und Soldaten — ich schicke hierbei meinen einzigen Sohn und die Ersparnisse von 30 Jahren. — Meinen Jungen gebe ich seinem Vaterland; aber um eines kleinen Mädchens willen, das ich noch zu Hause habe, will ich erwarten, daß der König mir das Geld bei seiner Rückkehr nach Schweden zurückbezahlt."

Brock (lachend). Nun, ich glaube, das ist beinahe Wort für Wort. Ich bin ein wunderlicher Briefschreiber (or ich habe einen wunderlichen Briefstil). Aber ich sage, mein hübscher Bursche, Sie haben ein besseres Gedächtnis als Ihr Herr; denn er ist jetzt seit 12 Monaten (einem Jahr) in Str. —, eh, und rückwärts und vorwärts (hin und her) auf der Insel hier, und hat noch nicht einmal soviel sagen lassen: „Brock, ich kann Sie nicht bezahlen."

Karl. Er war zu tadeln.

Brock. Zu tadeln — ich glaube Ihnen, ich wünsche, ich könnte ihn sehen, ich würde ihm sagen, was ich von ihm denke. Wie wußte er, daß ich das Geld um diese Zeit nicht brauche? Ich sagte ihm, ich hätte eine Tochter. Angenommen nun, mein braver Junge Fritz wäre von einem jener schurkischen Dänen erschossen worden, und ich wäre den Weg alles Fleisches gegangen, was hätte aus der armen Eudiga werden sollen? Das möchte ich wissen. Aber das thut jetzt nichts. Ich sage nur, der Henker soll mich holen, wenn ich ihm wieder Geld leihe, — das ist alles!

Karl (lächelnd). Nun, nun, Sie müssen mit dem armen König Nachsicht haben. Er hat genug zu denken gehabt, um ihn wichtigere Dinge vergessen zu lassen (or machen). Es sind jetzt beinahe 16 Jahre, seit Karl der 12te mit dem Schwert in der Hand bei Humbelbeck ins Meer sprang; und seit jener Zeit hat dieses Schwert nicht viele Tage in der Scheide geruht. Aber er hat seine Schuld an Adam Brock nicht vergessen, und ich bin hierher geschickt, um sie zu bezahlen.

Brock. Sind Sie wirklich? Nun das ist prächtig (brav).

Karl. Sehen Sie, hier ist eine Anweisung für das Geld, mit den regelmäßigen Zinsen, von der Zeit an, von welcher es gebraucht worden ist.

Brock (lachend). Ha! Ha! Ha! Nun jetzt, das ist ehrlich. Jetzt sind er und ich wieder Freunde. Wahrlich ich bin ebenso froh —

Karl (reicht ihm das Papier). Nehmen Sie es mein Freund.

Brock. Ich nicht! Gewiß nicht! Glaubet (ja) nicht, daß ich darüber erfreut (or froh) bin. Nein, nein! Meine Freude (mein

Entzücken) ist, daß Karl der Zwölfte, der König, der nie sein Wort gebrochen hat, dieser ehrenvollen Auszeichnung nicht verlustig gegangen ist.

Karl. Aber Sie werden gewiß Ihr Eigentum nehmen?

Brock. Nicht einen Schilling davon! Ha! Ha! Ha! Wie der Mann die Augen aufsperrt (mich ansieht)! Gott segne Sie, mein guter Freund, ich brauche es, Dank dem Himmel, nicht! Es ist mir gut gegangen, seitdem ich dasselbe nach Stockholm geschickt habe. Man hat mir ein Vermächtnis von der doppelten Summe hinterlassen, mein Pachtgut gedeiht, mein Junge Fritz ist Sergeant geworden und wird wahrscheinlich seinen Weg zu Ehre und Ruhm finden. Ich habe genug, um so gut zu leben als ich wünsche, und, sollte ich morgen sterben, um meiner hübschen Eudiga etwas Hübsches (or Erkleckliches) als Aussteuer zu hinterlassen. Nein, nein, bringen Sie das Papier dem König zurück, mit meinen Empfehlungen; sagen Sie ihm, daß er es nötiger braucht als ich, und ich schenke es ihm ganz und gar.

Karl (beiseite). Sonderbarer Mann. (Laut) Aber der König kann nicht dulden —

Brock. Sagen Sie das nicht — er muß es dulden. Ich habe das Wort gesagt, mein Freund, (indem er Karl auf die Schulter schlägt), und ich bleibe dabei so fest als er.

Karl. Aber der König ist notorisch eigensinnig, und —

Brock. O ja, ich weiß es; die Türken nennen ihn „Eisenkopf." Als ich in der Schule war, nannte man mich „Holzkopf," ha! ha! ha! ich bin ebenso eigensinnig als er, ich will eine Wette mit Ihnen eingehen.

Karl. Aber jedenfalls ist er der stärkste, und er wird deshalb Sie zwingen, es anzunehmen.

Brock. Wird er? — ha! ha! ha! das wollen wir sehen. Ich weiß, er braucht es, und er muß es behalten.

Karl. Aber mein guter Freund Brock, es gibt noch einen Grund, der einiges Gewicht bei Ihnen haben mag; Seine Majestät hat mir ausdrücklich verboten, vor ihm wieder zu erscheinen, bis dieses Papier in Ihre Hände überliefert ist; Sie kennen den unbedingten Gehorsam, den er von seinen Dienern erwartet. Möchten Sie die Ursache meiner Ungnade sein?

Brock. Ei nein, gewiß nicht; aber wenn das alles ist, will ich es für Sie einrichten. Geben Sie mir das Papier. (Nimmt es.) Da, nun haben Sie es in meine Hände überliefert.

Karl. Das ist wahr; und jetzt — —

Brock. Und jetzt werden Sie sehen, was ich damit thue (thun will). (Faltet die Anweisung zusammen, steckt das eine Ende in das Licht und zündet es an.)

Karl (eilig). Was thun Sie?

Brock (hält das brennende Papier in die Höhe). Ich vernichte eine Staatsschuld, ha! ha! ha! (lacht und zündet seine Pfeife mit der Anweisung an). Das ist eine gute Lehre für Ihren Finanzminister.

Karl (aufstehend). Gut, — ich warne Sie; Karl der 12te ist nicht der Mann, sich an Großmut übertreffen zu lassen; er wird seine Schuld auf eine oder die andre Weise bezahlen.

Brock. Er soll (nur) warten, bis ich ihn darum bitte. Nächster Tage vielleicht kann ich seine Fürsprache für einen Freund brauchen (nötig haben), und dann soll er mir wie ein Mann seine Hand geben und sagen: „Adam Brock, Sie sollen es haben."

Karl. Einverstanden! In seinem Namen verspreche ich es Ihnen (hält seine Hand gegen Brock hin), „Adam Brock, Sie sollen es haben."

Brock (aufstehend). Das ist brav. (Man hört klopfen) Herein!

(Gustav de Mervelt tritt ein.)

Brock. Noch ein Offizier! (Beiseite) Wir sind vielleicht noch nicht alle sicher!

Karl. (Gibt Gustav ein Zeichen zu bleiben.) Oh! ein junger Freund von mir, der müde (or überdrüssig) ist, auf mich zu warten. (Beiseite) Nun, was gibt es Neues? Sie sind stark (or scharf) geritten.

Gust. (beiseite). Die dänische Flotte ist vor Stresow, Sire.

Karl (beiseite). Gut! (Laut) Lebt wohl, Freund; ich werde Eure Antwort dem König überbringen (or melden).

Brock. Gut. Aber wartet; Ihr werdet ein Glas Wein trinken, ehe Ihr geht?

Karl. Ich trinke niemals Wein.

Brock. Nicht? Wie bedaure ich Euch! Aber ich vergaß; ha! ha! Ei, Ihr Schlaukopf. (Blinzelnd und mit dem Ellbogen stoßend.) Was! Weil der König nie Wein trinkt, wollet Ihr auch nicht? Ha! ha! Und ich vermute, Ihr wollt glauben machen, daß Ihr auch die Mädchen nicht liebt, weil er es nicht thut? Ho, ho! das ist ein Hauptspaß. Ich würde gewiß nie zu einem Hofmann passen. Ich liebe sie zärtlich; Gott segne ihre lieben Herzen! Und ich liebe auch ein gutes Glas Wein, mein Junge. So, auf des Königs Gesundheit in einem gefüllten Glas (zu Gustav) He da! Junger Herr! Sie werden mir jedenfalls Bescheid thun.

Gust. Von ganzem Herzen.

Brock. Ah, Sie sind einer von der rechten Art, ich sehe es mit halbem (halb geschlossenem) Auge. Das ist für Sie. (Füllt die Gläser.) Auf das Wohl Karls des Zwölften.

Gust. Karl der Zwölfte, möge er glücklich sein!

Brock. Gott segne ihn! Er ist im Grunde, glaub' ich, ein guter Mensch, obschon er das Kriegführen ein wenig zu sehr liebt; nicht wahr? Herr — Herr — weil ich jetzt daran denke, welches ist (denn) Ihr Name?

Karl. Mein Name? — oh, mein Name ist — (beiseite) Was soll ich sagen — Reichel.

Brock (auffahrend). Reichel! Was, Oberst Reichel?

Karl. Ah! (Beiseite) Ich hoffe, daß er ihn nicht kennt.

Brock. Wie sonderbar. (Vertraulich.) Gut, haben denn nicht Sie und ich noch über etwas weiteres zu sprechen?

Karl (verlegen). Etwas weiteres? Nein. (zu Gustav) Ins Wirtshaus! Mein Pferd! (G. geht ab.)

Brock (beiseite). Oh, ich sehe, er will sich des andern entledigen. (Laut) So, nun ist er fort, Sie können sich aussprechen.

Karl. Mich aussprechen?

Brock. Ei, gewiß! (Nimmt ihn beim Arm und zieht ihn vorwärts. Nun, sind Sie nicht hierher gekommen, um mit mir über Eudiga zu sprechen?

Karl. Eudiga?

Brock. Ja, Eudiga, — meine Tochter! Was zum Henker fehlt Ihnen? Haben Sie Ihren Sinn geändert? Haben Sie nicht vor (or die Absicht), sie zu heiraten?

Karl. Ich, Ihre Tochter heiraten?

Brock. Ei, potztausend, was meinen Sie damit? Sie haben sie doch nicht zum besten gehabt, hoffe ich!

Karl. Gewiß nicht. (Beiseite) Ich habe hier einen unglücklichen Namen gewählt. (Laut) Mein guter Freund, Sie sind im Irrtum (or Sie irren sich). Ich weiß nichts von Ihrer Tochter. Die Sache ist —

Brock. Die Sache ist, daß Sie ein Schuft sind. Sie wissen nichts von meiner Tochter? Mein Wort darauf; aber ich will Sie mich kennen lehren, ehe ich Sie gehen lasse! Ich durchschaue alles: der König hat dieses Papier nie geschrieben — ich wünsche, ich hätte es nicht verbrannt. Ich kenne Ihren Zweck, warum Sie hierher kamen. Sie haben meine Tochter verraten, und mich und meine Freunde; aber aus diesem Haus sollen Sie nicht kommen, bis . . .

(Trip. Muddelwerk tritt ein mit seinem Schreiber — und vier bewaffneten Bauern.)

Mud. — — bis ich euch beide untersucht habe, Hr. Brock. Bewacht die Thüre. Durchsucht das Haus. Schreiber, setzen Sie sich hierher.

(Vanberg, Ulrike und Eudiga werden hereingebracht.)

Ah, Herr Firmann und seine Tochter! Ich brauche Ihr Zeugnis.

Brock. Was soll das alles heißen (or bedeuten)?

Mub. Still! Schweigen Sie vor dem Vertreter Seiner Majestät! Ja, ja — das ist mein Mann, ohne Zweifel! (Sieht Karl scharf an.) Mein guter Freund, es wird Ihnen gefällig sein, Rechenschaft über Sie zu geben. Zeigen Sie Ihre Papiere — Sie haben doch Papiere, vermutlich?

Karl. Nein.

Mub. Nein! keine Papiere! Schreiben Sie das nieder, Schreiber (or Aktuar), er hat keine Papiere. Sie drohten mir, mich aus dem Fenster zu werfen, Herr Brock; wir werden sehen, was das Gesetz mit Ihnen anfangen (or thun) wird, dafür, daß Sie Leute ohne Papiere beherbergen; und Sie auch, Hr. Firmann, es thut mir leid (es zu sagen), Sie stehen in gleichem Verdacht. Kennt einer von Ihnen den Menschen, den Sie unter Ihren Dächern aufgenommen haben?

Brock. Ich kenne ihn als einen gemeinen Verräter.

Mub. Schreiben Sie das nieder — er kennt ihn als einen gemeinen Verräter. Das dachte ich mir.

Brock. Der mit den Gefühlen eines unschuldigen Mädchens gespielt hat, das ihn liebte und ihm vertraute. Eudy, mein Kind, was sagst du jetzt zu deinem nobeln (edeln) Obersten. Er leugnet alle Kenntnis von dir.

Eud. Mein nobler (edler) Oberst? Wie? Dieser Herr? —

Brock. Eh ja! Oberst Reichel.

Eud. Das ist nicht mein Oberst Reichel.

Brock. Nicht? Gut, ich muß sagen, ich dachte, meine Eudiga hätte einen sonderbaren Geschmack. Aber er nannte sich selbst Oberst Reichel, jedenfalls.

Mub. Oh, wirklich! Bemerken Sie das, Schreiber — reist unter einem angenommenen Namen. Sie haben ein militärisches Aussehen, Freund! Darf ich fragen, ob Sie im Dienste Seiner Majestät sind?

Karl. Ich bin nicht im Dienste Sr. Majestät.

Mub. Aber Sie sind es gewesen?

Karl. Früher, bis mein Vater starb.

Mub. (beiseite). Wie ich vermutete. Das ist der rechte Mann! Ich dachte, er könne meiner Wachsamkeit nicht entgehen. (Laut) Jedermann soll wissen, daß ich, Tr. Muddelwert, Bürgermeister von Cirkow, durch diese Papiere angewiesen bin, die Person eines notorischen Verräters zu ergreifen, der verkleidet unter den loyalen Einwohnern von Rügen herumlauert. Ich glaube, ich brauche nicht weit zu gehen, um meinen Finger auf den Schuldigen zu legen. Lassen Sie mich sehen. (Sieht abwechselnd auf seine Papiere und auf Karl.) Der besagte Karl Vanberg ist ungefähr 5 Fuß 10 Zoll hoch, — Stirne hoch — sehr wenig Haare. — Nehmen Sie Ihren Hut ab, Freund. (Karl nimmt seinen Hut ab.) Da ist sehr wenig. — Alter 45 Jahr. (Beiseite) Er sieht nicht ganz aus wie 45. (Laut) Welches ist Ihr Alter, Freund?

Karl. Dreiunddreißig.

Mub. (beiseite). Er sieht älter aus als 33. — (Laut) Wenn Sie nicht der Mann sind, für den ich Sie halte, bitte, wie heißen Sie?

Karl. Karl.

Mub. Wie ich dachte. — Aber Karl was? Freund? Karl ist nur Ihr Vorname, wie ich vermute.

Karl. Ich wurde nie bei einem andern Namen genannt.

Mub. Schreiben Sie das nieder, Schreiber — das ist sehr merkwürdig. Haben Sie irgend einen festen Wohnsitz?

Karl. Ich habe seit beinahe 16 Jahren keinen gehabt.

Mub. Schreiben Sie —: keinen festen Wohnsitz. Der Bursche ist ein vollkommener Vagabund (or Landstreicher), sei er, wer er mag! Aber, hören Sie Freund, ich habe eine Idee: Sie sagten, soviel ich mich erinnere, eben jetzt, daß Sie einen Vater hatten. Nun, Herr, auf Ihren Eid, wenn Sie je einen Vater hatten, welches war Ihres Vaters Name?

Karl. Karl.

Mub. Was, Karl und nur (nichts als) Karl? Bursche, Bursche, das ist Verachtung der Obrigkeit. Sie werden mir doch nicht sagen wollen, daß Sie beide einfach Karl genannt wurden?

Karl. Nicht gerade (or genau); er wurde manchmal, zur Unterscheidung, Karl der Elfte von Schweden genannt.

Mub. (zurückfahrend). Eh! — wie?

Karl. Folglich bin ich Karl der Zwölfte.

Alle. Der König.

(Alle knieen, außer Mub., der einen (langen) Schritt bis zur Thüre macht und hinausstürzt. Der Schreiber folgt ihm.)

Karl (lachend). He da! Was ist aus meinem gelehrten Vertreter geworden? Stehet auf, meine guten Freunde: Euer König hat mehr Gelegenheit für euch, ihm beizustehen (bei ihm zu stehen), als vor ihm zu knieen. Nun, mein eigensinniger Gläubiger!

Brock (knieend und versuchend, ein Lachen zu unterdrücken). Ich bitte Eure Majestät um Vergebung, aber ich muß lachen, wenn ich auch dafür gehenkt werde.

Karl. Lachen Sie, lachen Sie, mein ehrlicher Freund; Sie haben unsre freie Erlaubnis (or Einwilligung). (Man hört außen Kanonendonner). Aber höret! Diese Kanonen melden die Landung des Feindes.

(Gustav v. Mervelt und ein erster und ein zweiter Offizier treten ein.)

Nun, Herr, die Dänen (or wo stehen die Dänen)?

Gust. Der Prinz von Anhalt ist in Stresow, Sire.
Karl. Es ist gut — wir wollen ihn heute Abend angreifen. Zu Pferd und fort!
Alle. Lang lebe der König!
(Karl, Gustav und der erste und zweite Offizier gehen ab.)
Ulrike (ihren Vater umarmend). Vater, Sie sind jetzt noch frei, lassen Sie uns fliehen.
Banb. (indem er ein Schwert vom Kamin herunternimmt). Ja, ich will fort von hier, aber es soll in die Schlacht sein! Ich will einen ehrenvollen Tod in den Reihen meines Vaterlandes suchen und den (schmutzigen) Flecken des Verrats in dem Blute seiner Feinde abwaschen!
Brock (thut dasselbe). Bravo! Und Adam Brock wird an Ihrer Seite kämpfen! Halte mich nicht, Eudiga. In einer solchen Sache, wie diese, habe ich große Lust, dich in ein Paar Hosen zu stecken und dich auch fechten zu lassen. Ich gehe mit, mein Freund! Karl XII. für immer! Nieder mit den Dänen! Hurrah!
(Sie gehen ab.)

(Ende des ersten Aufzugs.)

Nachtrag.

20.
Lord Chesterfield an seinen Sohn.*)

Lieber Junge (Sohn)!

Leute Deines Alters haben gewöhnlich eine unvorsichtige Offenherzigkeit an sich, welche sie zur leichten Beute und zum Spielball der Listigen und Erfahrenen macht; sie betrachten jeden Schurken oder Narren, der ihnen sagt, daß er ihr Freund sei, als ob er das wirklich wäre, und bezahlen (erwidern) diese Versicherung erheuchelter Freundschaft mit unvorsichtigem und unbegrenztem Vertrauen, immer zu ihrem Nachteil, oft zu ihrem Verderben. Hüte Dich daher, jetzt da Du in die Welt trittst, vor diesen falschen Freundschaften. Nimm sie mit großer Höflichkeit, aber auch mit großer Ungläubigkeit auf und bezahle sie mit Komplimenten (Artigkeiten), aber nicht mit Vertrauen. Laß Dir nicht von Deiner Eitelkeit und Selbstliebe einreden, daß die Leute auf den ersten Blick oder auch nur nach kurzer Bekanntschaft (schon) Deine Freunde werden. Wahre Freundschaft wächst langsam und gedeiht nie, außer wenn sie auf einen Vorrat von gekanntem und gegenseitigem Verdienste okuliert (als Pfropfreis aufgesetzt) ist.

Es gibt eine andre Art sogenannter Freundschaft zwischen jungen Leuten, die zeitweilig warm, aber glücklicherweise (nur) von kurzer Dauer ist. Diese Freundschaft wird eilends erzeugt, dadurch, daß sie denselben Weg der lärmenden Lustbarkeit (des Randalierens) und der Liederlichkeit einschlagen. In der That, eine schöne Freundschaft! und gut gekittet durch Leichtsinn und Trunkenheit. Sie sollte eher eine Verschwörung gegen die Moral und die guten Sitten genannt und als solche durch den Richter bestraft werden. Gleichwohl haben sie die Unverschämtheit und Narrheit, solchen Bund eine Freundschaft zu nennen. Sie leihen einander Geld für schlechte Zwecke, sie lassen sich in Offensiv- und Defensiv-Streitigkeiten für ihre Mitschuldigen ein; sie sagen einander alles, was sie wissen, und oft auch mehr, bis plötzlich irgend ein Zufall sie zerstiebt (auseinander treibt) und sie nicht mehr aneinander denken, außer etwa um ihr unkluges Vertrauen zu verraten und darüber zu lachen. Mache immer einen großen Unterschied zwischen Kameraden (Gesellschaftern) und Freunden, denn ein sehr gefälliger und angenehmer Kamerad (Gesellschafter) kann ein sehr ungeeigneter und gefährlicher Freund sein . . . . . .

Ich sehne mich danach (hoffe, bald . . .) von meinen verschiedenen Korrespondenten (Berichterstattern) in Leipzig über Deine Ankunft daselbst zu hören, und welchen Eindruck Du zuerst auf sie machst; denn ich habe Argusse, jeden mit hundert Augen, welche Dich genau beobachten und mir getreu berichten werden. Die Berichte, die ich erhalte, werden gewiß wahrheitsgetreu sein; es hängt allein von Dir ab, welcher Art sie sein (wie sie lauten) werden. Lebe wohl! —

---

*) Obiger Brief fehlte ganz in der ersten Auflage des Key und erscheint daher jetzt neu als Nachtrag.   Der Herausgeber.

A LIST of
EDUCATIONAL WORKS
for the Study of Foreign Languages
by Dr. EMIL OTTO and on the Plan of his Conversation-System.

For English and American students.

	M.	Pf.
Otto, Dr. E., Germ. Conv.-Grammar. cloth. New Ed.	5	—
Otto, Dr. E., Key to the German Conv.-Grammar. board. New Ed.	1	60
Otto, Dr. E., Supplementary Exercises to the German Conv.-Grammar. board. New Ed.	1	60
Otto, Dr. E., Elementary German Grammar. board. New Ed.	2	—
Otto, Dr. E., First German Book. board. New Ed.	1	60
Otto, Dr. E., German Reader. I. Part. New Ed.	2	40
— — II. Part. New Ed.	2	40
— — III. Part. New Ed.	2	40
Otto, Dr. E., Materials for translating English into German. board. Part I. New Ed.	2	40
————— „ Part II. New Ed.	2	40
Otto, Dr. E., Key to Materials for translating English into German. board. New Ed.	1	60
Otto, Dr. E., Germ.-English Conversations. board. New Edit.	1	60
Otto, Dr. E., French Conversat.-Grammar. cloth. New Ed.	5	—
————— Key to the French Conv.-Grammar. board. New Ed.	1	60
Otto, Dr. E., Materials for translating English into French. board. New Edit.	2	40
Sauer, C. M., Italian Conversat.-Grammar. cloth. New Edit.	5	—
Sauer, C. M., Key to the Italian Grammar. board. New Edit.	1	60
Sauer, C. M., Spanish Grammar. cloth. New Edit.	5	—
Sauer, C. M., Key to the Spanish Grammar. board. New Edit.	1	60

For the use of Frenchmen.

Fuchs, Prof. P., Grammaire russe. Rel.	5	—
————— Corrigé des Thèmes de la Grammaire russe. Cart.	1	60

	M. Pf.
Mauron et Gaspey, Grammaire anglaise. Rel., nouv. éd.	4 —
Mauron, A., Corrigé des Thèmes contenus dans la Grammaire anglaise de Mauron et Gaspey. Cart., nouv. éd.	1 60
Mauron, A., Petite Grammaire anglaise ou *Éléments de la Langue anglaise* avec de nombreux exercices de traduction, de lecture et de conversation. Cart.	2 —
Mauron, A., Lectures anglaises. Cart.	3 —
Otto, E., Grammaire allemande. Contenant, outre les principales règles de la langue allemande, *des Thèmes, des Lectures* et *des Conversations*, d'après une méthode à la fois théorique et pratique. Rel., nouv. éd.	4 —
Otto, E., Corrigé des Thèmes de la Grammaire allemande. Cart., nouv. éd.	1 60
Otto, E., Petite Grammaire allemande abrégée, à l'usage des commençants. Cart., nouv. éd.	2 —
Otto, E., Lectures allemandes. I. Part. nouv. éd.	2 40
— — — II. » nouv. éd.	2 40
— — — III. » nouv. éd.	2 40
Otto, E., Conversations allemandes. Cart.	1 60
Sauer, C. M., Nouvelle Grammaire italienne, avec des dialogues. Rel., nouv. éd.	4 —
Sauer, C. M., Corrigé des Thèmes et Versions contenus dans la Grammaire italienne. Crt.	1 60
Sauer, C. M., Grammaire espagnole, avec des dialogues. Rel., nouv. éd.	5 —
—— Corrigé des Thèmes et Versions contenus dans la Gram. espagnole. Cart.	1 60

For the use of Germans.

Fuchs, Prof. P., Russische Convers.-Grammatik.	4 —
—— Schlüssel zur russischen Conversations-Grammatik.	1 60
Gaspey, Dr. Th., Englische Convers.-Grammatik. 19te Auflage.	3 —
Gaspey, Dr. Th., Engl. Convers.-Lesebuch. 5. Aufl.	2 80
Gaspey, Dr. Th., English Conversations. Eine methodische Anleitung zum Englisch-Sprechen. 3. Aufl.	1 60
Kordgien, G. C., Kleine portugiesische Sprachlehre.	1 60

	M. Pf.
v. Künsberg, Ph., Questionnaire français. Ein Hilfsbuch bei der Vorbereitung zum Examen für Einjährig-Freiwillige. cart.	1 60
Lardelli, J., Uebungsstücke zum Uebersetzen aus dem Deutschen in's Italienische. broch.	1 60
Otto, Dr. E., Französische Convers.-Grammatik. broch. 21. Aufl.	3 —
Otto, Dr. E., Französisches Lesebuch mit Convers.-Uebungen. 1r. Curs. 7. Aufl.	2 —
—— Französisches Lesebuch mit Convers.-Uebungen. 2r. Curs. 4. Aufl.	2 —
Otto, Dr. E., Kleine französische Sprachlehre für Elementarklassen. 4. Aufl.	1 60
Otto, Dr. E., Kleine englische Sprachlehre für Anfänger. 2. Aufl.	1 60
Otto, Dr. E., Conversations françaises. Eine methodische Anleitung zum Französisch-Sprechen. 4. Aufl.	1 60
Otto, Dr. E., Materialien z. Uebers. in's Englische	1 60
Otto, Dr. E., "The Guardian", engl. Lustspiel von Garrick, mit erläuternden Noten zum Schulgebrauch.	— 40
v. Reinhardstoettner, C., Holländische Conversations-Grammatik. 2. Aufl.	4 —
Riedel, J., Französisches Lese- und Conv.-Büchlein. 5. Aufl.	1 20
Riedel, J., Vorschule zu jeder französischen Grammatik. 5. Aufl.	1 60
Riedel, J., Maman, apprends-moi le français! Erste Uebungen im Französischen. geb. 3. Aufl.	1 —
Sauer, C. M., Italien. Convers.-Grammatik. 7. Aufl.	3 —
Sauer, C. M., Italien. Convers.-Lesebuch. 3. Aufl.	2 80
Sauer, C. M., Kleine italienische Sprachlehre. geh. 3. Aufl.	1 60
Sauer, C. M., Dialoghi italiani. Eine methodische Anleitung z. Italienisch-Sprechen. 2. Aufl.	1 60
Sauer, C. M., Spanische Conv.-Grammatik. 3. Aufl.	4 —

	M. Pf.
Sauer, C. M., Diálogos castellanos. Spanische Gespräche. Ein Hilfsbuch zur Übung in der spanischen Umgangssprache.	2 —
Süpfle, Dr. L., Französische Schul - Grammatik. Verbessert und bedeutend vermehrt von Dr. A. Mauron, Prof. 5. Aufl.	3 —
Süpfle, Dr. L., Französisches Lesebuch. Verbessert und bedeutend vermehrt von Dr. A. Mauron, Prof. 9. Aufl.	2 80
Süpfle, Dr. L., Französische Chrestomathie für die obern Klassen. 4. Aufl.	5 —
Süpfle, Dr. L., Englische Chrestomathie. 7. Aufl.	2 80

For the use of girls'-schools.

Otto, Dr. E., Franz. **Lesebuch.** I. Curs. 2. Aufl.	2 —
Otto, Dr. E., Franz. **Lesebuch.** II. Curs. 2. Aufl.	2 —
Riedel, J., 3 Bücher aus der Natur.	
Is Buch: **Populäre Physik.** 3. Aufl.	2 40
IIs » **Thierkunde.** 2. Aufl.	2 40
IIIs » **Pflanzenkunde u. Mineralogie.** 2. Aufl.	2 40

For the use of Italians.

Otto, Emilio, Grammatica tedesca elementare, con temi, letture e dialoghi, aggiustata ai bisogni degli allievi principianti. cart.	2 —
Otto, Emilio, Letture tedesche. Piccola raccolta di traduzioni tedesche. cart.	2 40
Sauer-Ferrari, Grammatica tedesca, con temi, letture e dialoghi, nuova edizione riveduta e notabilmente accresciuta dagli autori. leg. 3. Ed.	4 —
Sauer, C. M., Grammatica inglese, con dialoghi ed una esatta spiegazione della pronunzia. leg.	5 —

For the use of Spaniards.

Otto, Emilio, Gramática alemana acompañada de numerosos ejercicios de traduccion, conversacion y lectura para el uso de los principiantes segun un método teórico y práctico. Segunda edicion. cart.	2 —

www.ingramcontent.com/pod-product-compliance
Lightning Source LLC
Chambersburg PA
CBHW030354170426
43202CB00010B/1373